苏派青铜文物修复技艺研究

潘炼　张江　朱黎

编著

上海科学技术出版社

图书在版编目（CIP）数据

苏派青铜文物修复技艺研究 / 潘炼，张江，朱黎编著. -- 上海 : 上海科学技术出版社，2021.1
ISBN 978-7-5478-5163-0

Ⅰ. ①苏… Ⅱ. ①潘… ②张… ③朱… Ⅲ. ①青铜器（考古）—文物保护—研究—中国 Ⅳ. ①K876.414

中国版本图书馆CIP数据核字(2020)第232960号

苏派青铜文物修复技艺研究
潘炼　张江　朱黎　**编著**

本书为上海文化发展基金会
图书出版专项基金资助项目

上海世纪出版（集团）有限公司
上　海　科　学　技　术　出　版　社　出版、发行
（上海钦州南路71号　邮政编码200235　www.sstp.cn）
浙江新华印刷技术有限公司印刷
开本787×1092　1/16　印张12.5
字数250千字
2021年1月第1版　2021年1月第1次印刷
ISBN 978-7-5478-5163-0/K · 36
定价：128.00元

内容提要

苏派青铜文物修复技艺是我国江南地域特有的非物质文化遗产，是中国几千年的文化精粹，凝结了历代匠人的智慧与才干。本书对苏派金属文物保护修复的方法和理论进行研究与探讨，有利于加强我国南北两派青铜器修复工艺与水平之间的交流，对我国青铜器研究具有重要意义。

本书以苏派青铜文物修复技艺传承者的身份与视角，详细介绍多年来在南京博物院从事金属文物修复中，较有代表性的精品金属文物的具体保护修复过程。全面梳理了苏派青铜文物修复技艺的发展脉络，论述其传统技艺与方法理论，总结其在新时代、新科技的影响下，文物保护修复的诸多进步及新技术的涌现。

本书的出版将有力推动非遗技艺的保护与传承，特别是长三角地区有代表性的金属文物修复技艺的发展，尤其对青铜文物的保护研究有较强借鉴意义。

前言

古代青铜器的传统修复技艺是我国非物质文化遗产中一项重要的传统技艺，大多是以口手相传的形式传承下来，很少有相关文献留存，故现今有一些专门技艺几乎已失传，另外一些身怀“绝技”的老艺人多已故去，健在的也大多年逾古稀，致使传统修复技艺发展举步维艰。

古代青铜器的传统修复技艺是祖先留给子孙后代神圣而宝贵的财富，它的延续乃至存亡已触及我国传统文化支脉的传承，如何使古代青铜器的传统修复技艺在当下传承有序已迫在眉睫。

1982 年，意大利专家布兰迪在其论著中指出，“修复，要把作品流传给未来的意识放在心上，通过对其物理进行技术处理，使其病害消除，劣化现象受到控制，毁损部分得以恢复”[1]。1999 年，意大利颁布了《文化遗产联合法》明确给出了文物修复的定义，“所谓修复，是为了维持某件物品物质性上的无欠缺性，为保证其文化价值的保全、保护而实施处理的行为”[2]。文物修复，顾名思义就是对已损文物进行技术处理，使其病害消除，毁损部分得以恢复的工艺过程。文物修复实际上是通过一定的科学技术手段而使其恢复本来面貌的一门科学，根据不同的材质质地，需要有针对性地运用技术，这些材质包括金、银、铜、铁、玉、石、陶、瓷、丝、毛、棉、麻、皮、纸、骨、角、牙等，其中以青铜器的修复技术源流最早且最成体系[3]，构成文物修复的重要组成部分。从当前文物工作的理念方面来讲，文物修复包括商业性修复、展示性修复和研究

1 切萨雷·布兰迪：修复理论，同济大学出版社，2016 年。
2 意大利在 1999 年 10 月 29 日颁布了《文化遗产联合法》第 490 号，首次对“修复”拟定了具有法律约束力的定义。
3 中国文化遗产研究院：中国文物保护与修复技术，科学出版社，2009 年。

性修复，需要尽量使文物完美如初，在可辨识修复的同时也保证外观的审美艺术，充分地保留历史发展所遗留的痕迹，进而来展示其原貌。目前，我国的文物修复方针是“保护为主、抢救第一、合理利用、加强管理”[1]。古代青铜器的修复是通过运用整形、拼对、焊接、补配、去除有害锈、封护和作旧作色等相应的科学技术手段，对中国古代青铜器进行修复、保护，使破损的青铜器恢复原貌的一项专业技艺。现今如何使之科学化和规范化，系统全面地揭示中国古代青铜文物保护修复传统技术的内涵，最终将祖先遗留给我们的青铜器修复工艺作为非物质文化遗产保护起来、传承下去，则是当务之急。

博大精深的青铜器传统修复技术是一个极其丰富的专业技术体系，无论是师徒相传的人际脉络，还是口授身教的技术传承都需要进行系统的整理和研究，期望本书的出版能对我国青铜器传统修复行业的传承与发展尽绵薄之力。

1 这16字方针是文物保护工作总的指导方针，该方针见于《中华人民共和国文物保护法》。该法经过修订，于2002年10月在第九届全国人大常委会第三十次会议上通过。

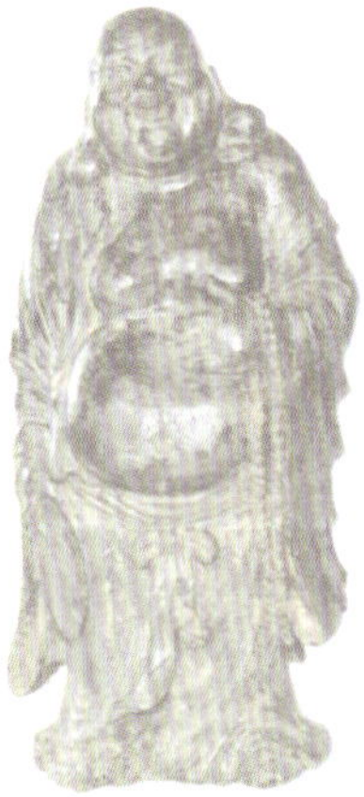

目录

第一章

中国古代青铜器仿制技艺源流

一

中国古代青铜器发展概况

时光是铭刻在历史角落里的斑驳印记，青铜则是一段历史兴衰荣辱的见证，四季更迭、晨光暮影，唯有它经得起时光的洗礼。在漫长的岁月长河中，古代的劳动人民创造了璀璨的文化，青铜器是祖先传承下来的珍贵宝藏，不仅是我国价值连城的文物，也是世界宝库中的瑰宝。青铜器经历了朝代的更迭、历史的变迁，见证了泱泱大国的繁荣昌盛。

纵观中国古代青铜器发展，可以分为萌生期（公元前21世纪—公元前16世纪）、育成期（公元前16世纪—公元前13世纪）、鼎盛期（公元前13世纪—公元前11世纪）、更新器时期（公元前7世纪—公元前221年）与衰落期（两汉以后）。

萌生期

青铜是人类历史上一项伟大发明，它是红铜与锡、铅的合金，也

图1-1
二里头文化铜爵

图1-2
商代杜岭方鼎

图 1-3
商代司母戊鼎

图 1-4
商代四羊方尊

是金属冶铸史上最早的合金。青铜发明后，立刻盛行起来，从此人类历史也进入了新的阶段——青铜时代。中国使用铜的历史年代久远：公元前 8 000 年左右的新石器时代，古人类就开始使用天然铜，他们将铜制成小件的装饰品和简易的锋刃；仰韶时代的遗址中，已经零星发现有红铜或锌铜器；到公元前 3 000 年左右，甘肃马家窑文化遗址就出土了青铜刀，齐家文化墓葬中多次发现了青铜和红铜的生产工具及装饰品，而黄河流域的山东龙山文化、河南龙山文化、长江中游的石家河文化等也都存在较多的小型铜器及铜器碎片。

龙山时代末期，中原地区完成了由铜石并用时代向青铜时代的转变。青铜冶铸工业在这一时期刚刚兴起，铜器的使用领域还十分有限，礼器仅限于爵、斝［三足，一鋬（耳），两柱，圆口呈喇叭形］等不多的几种类型，器壁很薄且纹饰罕见。随着青铜冶铸工艺的兴起，制陶技术普遍衰落，龙山文化十分讲究的陶器已经不再受到重视。

社会生产力的发展促使铜器冶炼技术不断提升，二里头文化的铜器制作比先前的龙山时代有了巨大的进步。河南偃师二里头遗址的青铜器工艺水平最高，也最具有代表性。这里不仅发现了斧、戈、刀、锥、镞、铃、鱼钩等青铜兵器和工具，还发现了铜鼎、爵、斝、盉等青铜容器，以及镶嵌绿松石的镜形器和铜饰牌。这些铜器经鉴定表明，都是含锡或铅的青铜制品，均用陶范铸造，小件铜器使用单面和双面范，铜容器已经使用双合范或多合范。除了整体浑铸（器物一次浇铸成形）的以外，有的铜器还采用了分铸铸接的技术。

二里头文化到了晚期发展至巅峰，相关遗址中发掘出了多处铸铜遗迹，其中面积最大、内容最丰富的一处，范围可达数万平方米以上，这也是中国目前所知最早的铸铜遗址，足以证明其冶铜和铸造技术已趋于成熟并初具规模。二里头文化时期，我国就已经进入了灿烂夺目的青铜时代。

青铜时代最突出的特征有两点：一是以青铜冶铸技术为当时最先进的技术门类，二是青铜器的广泛使用。在世界各地青铜文明中，中国表现得最为充分，以使用广泛、数量巨大和高水平的生产工艺而著称。始自二里头文化时期，一直延续至战国时期，青铜器生产一直是最重要的社会手工业。围绕青铜礼器形成的器用制度成为商周时期的礼制中心，这也使得青铜器成为商周考古的一个重心。

育成期与鼎盛期

商代的青铜器在种类上已相当丰富，总体的时代风格显得浑厚凝重、精美繁复，合范技术达到顶峰。以酒器为中心的器用制度基本形成，完整的礼器组合再现了商代王室贵族日益繁缛的礼节和身份等级制度。这一时期的青铜器造型厚重高峻，纹饰繁复多样，并以兽面纹等想象动物为主要的装饰母题。

西周中后期，青铜工艺在这一时期发生了很大的变化，铜器生产追求数量的累积，工艺趋于简易。商文化传统的铜酒器趋于消失，铜礼器已有较为严密的列器制度，鼎、簋、壶、盘、匜成为一种基本固定的礼器组合。青铜器装饰多为变形的动物纹样。

更新器时期

春秋至战国时期，随着周王室的衰落和诸侯大国的崛起，青铜器的生产工艺创新成分较多，总体风格清新，区域特色显著。青铜器出现或流行刻纹刻字、错金错银、填漆漆绘和鎏金镀锡等新的装饰工艺，传统礼器在青铜器中的地位不断下降，新的器类不断产生且不断发生变化。

当社会发展到青铜时代向铁器时代的过渡阶段，随着人工冶铁技术的普遍成熟，铁器成为人们日常生活用器。最早使用的铁器是陨铁，陨铁在中商、西周时期就已有发现，如河北藁城县台西村、北京平谷刘家河出土了“铁刃铜钺”。在中原文化圈内，目前发现最早的人工冶铸铁器当推河南三门峡市上村岭虢国墓 M2001 号墓出土的铜柄铁剑、铜内铁援戈和 M2009 号墓出土的铜骹铁叶戈，年代在两周之际前后。春秋早、中期的铁器，目前有甘肃灵台景家庄、陇县边家庄春秋早期秦墓出土的铜柄铁剑和陕西长武县秦墓出土的铁短剑等，这些发现颇为零星，说明当时铁器的使用远未普遍。

到了战国中后期，铁器开始在许多遗址和墓葬中被发现，说明铁器在当时已经得到了广泛使用，昭示着铁器时代的来临。在中国青铜时代，青铜器可能并没有普遍使用于社会生产，与之不同的是，铁器出现的肇始，其基本功能便得到了发挥。铁器工具迅速发展，使社会生产力得到了极大的提高。铁器时代表现出与青铜时代颇为明确的社会差异，这一点在考古学上体现得尤为明显，昭示了青铜时代的衰落与终结。

图 1-5
战国青铜嵌绿松石长剑

二

中国古代青铜器仿制技艺发展脉络

中国古代青铜器是中华民族的重要文化遗产之一，它历史悠久、绚丽璀璨，作为历史的载体，其内容丰富而深刻，具有极高的研究价值。为了减少青铜文物受损，影响或失去其原有的历史、艺术、科学价值，对它们进行修复与保护是十分必要的，这也是历史赋予我们的责任。

青铜文物修复与复制技艺，与古代青铜器仿制作伪技术有着密不可分的联系。追溯修复技艺历史，它与古代金石学的发展是相辅相成的。金石学是以古代青铜器和石刻碑碣为主要研究对象的一门学科，注重著录和考证文字资料，以达到证经补史的目的。金石学在先秦时期就已萌芽；北宋正式形成，统治者奖励经学，提倡恢复礼制，对古物的收集、整理和研究出现热潮；到了清代达到鼎盛；民国逐渐衰落，成为考古学的组成部分。崇尚复古之风，也推动了铜器仿制这一产业的发展。

纵观古代青铜器仿制技艺的发展脉络，可以分为春秋萌芽、唐宋盛行、元代式微、明清繁荣这四个阶段。

春秋萌芽

最早仿制与作伪的青铜器记载于春秋晚期至战国早期的《韩非子·说林下》：

齐伐鲁，索谗鼎，鲁以其雁往。齐人曰："雁也。"鲁人曰："真也。”齐曰:“使乐正子春来,吾将听子。”鲁君请乐正子春,乐正子春曰:“胡不以其真往也?”君曰:“我爱之。”答曰:“臣亦爱臣之信。”

齐国与鲁国关于铜器真假性质的判定表明,春秋战国时期已开始出现青铜器作伪技术。由于当时铜器冶炼与铸造工艺尚处在整个青铜社会的前期发展阶段,存在技术不成熟、制度不健全、专门工匠与生产作坊规模小等问题,所以仿制铜器的数量也较少,产品质量也不高。

唐宋发展

唐宋是中国古代经济发展的繁荣时期,青铜采矿、冶炼与铸造工艺得到长足发展。金、银、铜、铁、铅、锡六种重金属矿业得到全面开发,开采量逐年增长的同时,从事矿冶业生产的人口也显著增加。铜矿的开采由朝廷设监、冶、坑、场等机构专门管理,监、冶、场内的居民被称为“冶户”,基本都从事金属冶炼业。金属的冶炼也带动了金属器物的生产与加工,据《阙史》记载:唐刘蜕辨铁盎之非齐桓公器,疑即时人伪造。此外,考古出土了若干具有商周传统文化因素的唐代青铜器,即使并非有目的不明的伪造之意,仍能体现商周文化对后世的影响,如北京故宫博物院藏唐代青铜觯,其整体造型仿西周青铜觯,但铜质和细部花纹仍有唐代风格。

宋代是金石学在中国历史上发展的第一个高峰期,大批金石学者编撰了众多金石类书籍,其中尤以金石图谱最具学术与艺术研究价值,如吕大临的《考古图》和王黼的《宣和博古图》。受北宋初年《三礼图》在全国颁行的影响及宋仁宗的直接推动,伴随着北宋古器物的大量出土,金石图谱在宋仁宗之后开始兴起并迅速发展。由此影响到器物的生产与制造,宋仿古器显示出与众不同的文化面貌。《宋史·太祖本纪》评论宋太祖功绩时说:“三代而降,考论声明文物之治,道德仁义之风,宋于汉、唐,盖无让焉。”所谓追三代于鼎彝之间,追慕三代是当时士大夫普遍的认识。宋初就有“国家兴儒,追风三代”的提法,当权者致力于建立以三代为楷模的教化文明和典章制度,强化其“理”的成分。

宋朝统治者通过建立新的礼制机构、修编礼制文献,甚至派官员到民间去收集古器物，以表现对礼制的崇敬。南宋时期掌管礼制的官员意识到他们所用的礼器不符合礼制，从而引发了公众收集古代青铜礼器以制作新礼器的浪潮，形成了宋代大规模生产制作仿古铜器的局面。其仿制及作伪的制作出现了专门的机构，可分为“行作”和“官作”两种制作部门，并以“官作”为大宗。宋徽宗的暨古作器标志着仿古青铜礼器的诞生，不仅满足统治者的政治需要，也是经济文化繁荣的象征。仿三代青铜礼器造型或纹饰的瓷器、金银器、漆器和玉石器独具时代特色，尤以青铜器的仿制技术最为高超。官方生产仿三代铜礼乐器的质量都较高，如大晟钟、政和鼎和宣和三年尊，分别仿造的是春秋时期的宋公成钟、商尊和《宣和博古图》中著录的商祖戊尊。

民间仿造青铜器的“行作”便更多了，但大多是为了买卖而伪造古器。仿造古器的若干方法在当时已有文献记载，如宋赵希鹄的《洞天清录》，又名《洞天清禄集》，是我国第一部关于铜器辨伪的著作，洞悉源流、辨析精审。其《伪古铜器》一节中记载了宋代伪造古铜器的具体操作要领:“其法以水银杂锡末，即今磨镜药是也。先上在新铜器上，令匀，然后以酽醋调细硇砂末，笔蘸匀上，候如腊茶之色，急入新汲水满浸，即成腊茶色。候如漆色，急入新汲水浸，即成漆色。浸稍缓，即变色矣。若不入水，即成纯翠色。三者并以新布擦，令光莹。其铜腥为水银所匿，并不发露。然古铜声微而清，新铜声洪而浊，不能逃识者之鉴。”宋周密《云烟过眼录》中也有提及宋代铜器修复:“其间自有一种色黑而文藻精细者，往往皆宣和间礼制局依仿而造，今又见其完备，乃以为三代器，尤可笑也。余尝得三代器之不完者，其饕餮一羊首，莹如绿玉，其傍乃黄铜耳，盖古铸器用黄铜岁久，自然丹碧，其元质不变者止黄铜耳后，乃用药烟熏染而成，殊失古意。”

据此可知，宋代已有修复古器，其修复的目的是令破损的古器显得完整，以提高其价值。由于不得其法，人们常常破坏了古器的完整性，使修补后的古器显得不伦不类。在青铜器仿制方面，唐宋时代表现出数量、种类繁多，器形、纹饰逼真，铜质粗糙、发暗等特点，多仿出范痕和垫片，伪造的锈蚀通常为茶色或绿松石色，目前发现多为熟坑器。

图 1-6
青铜酒器线描图

元代式微

元代结束了数百年南北分裂的局面，实现了统一。元代统治者在文化上推行中原传统的制度以巩固自身统治，元代前期的礼制并无多少建树，多数是沿袭宋代的典章制度。

至元十三年，南宋内府藏经籍、图典、礼器等送至京师后，元政府才开始按图索骥，重新铸造新器。元代曾设置官办铜器作坊——“出蜡局”，来仿造各种祭器，器类有鼎、簋、盙、爵、斝等。除了官办外，民间私营的铸造作坊也很多，当时拥有精巧的仿铸古铜器技艺的杭州姜娘子和平江路王吉已声名远播，姜所铸古器花纹较细，在錾刻技法的精细程度上更胜一筹。

即使没有形成全国统一的标准，苏、浙、赣乃至整个南方地区也基本继承本地区工艺而形成了较为浓厚的地域特色。仿制对象上至商周、下至宋代，范围广泛，造型丰富。元代的仿制特点是多成组仿制，做工粗糙，铜质发黄；早期延续宋代风格，力求形似，后逐渐注入了本朝风格，只求神似。

明清繁荣

明代官方设立“御用监”仿制古器。明末陈仁锡的《浅确居类书》卷九五记载：“风磨、俞后，黄铜似金者。我明皇极殿顶名是风磨铜，更贵于金，一云即俞后也。”明宣德年间所仿铸古鼎彝器，用料为风磨铜，指代的是铜锌合金的黄铜。而民间作坊主要分布在南方地区。这时的仿制特点是器件多分铸，再整体焊接而成，即组装法。仿器多以宋《宣和博古图》和《考古图》为蓝本，做工相对粗糙。由于商业利润和市场贸易的需求，青铜器仿制业得到发展，如宣德年间内府大量仿铸古铜器。除京城以外，山东、河南、陕西及苏州等地都是民间仿造古铜器的主要地区。明末，仿古作伪业达到鼎盛，潞王朱常淓亦仿古器，器类多为鼎、彝、壶、觚、尊和瓶。《宣炉棠释》提及，明万历年间仿制古铜器主要分为南、北两派，金陵人甘文堂以炉著名，与苏州蔡家并称南铸；北方的施家与学道并称北铸。明代青铜器仿制的特点是仿器种类繁多，大小皆有，无铸痕和垫片，器型、铭文失真，器足多为实足。

清代礼制的复兴推动了仿造古彝器的浪潮，“太庙，春用牺尊、夏象尊、秋著尊、冬壶尊、岁暮、六袷用山尊；均为范铜为之。”祭器都采用古代的礼仪制度，以突出仪式的隆重。清初注重考据的“乾嘉学派”促使金石学发展到一个新的阶段，其研究范围从青铜器和金石碑刻扩展到各种门类的古器物，金石学逐渐向古器物学的性质靠拢。清乾隆年间，梁诗正、王杰等先后奉敕编订《西清古鉴》《宁寿鉴古》《西清续鉴甲编》和《西清续鉴乙编》，合称“西清四鉴”，共收录清宫所藏铜器四千余件。古器物作伪业又呈现出繁荣的局面，几乎所有古代文物都有仿制，同时出现了一大批专业仿古高手，如北京的范寿轩、赵允中、王尽臣、李玉彬、李坟堂、胡迁贞、潘承霖、王海，济南的胡麻子、胡世昌，并逐渐形成了全国青铜器修复与复制的几大派别，以北京派、苏州派和潍坊派为主。清代青铜器仿制的特点是无垫片，有补痕，多用分铸焊接法，因此无铸痕，有焊痕；仿器铜质泛黄，分量过重。

其实，真正意义上的青铜器修复与复制技术应该是从清乾隆年间开始的。官营手工业方面，内务府造办处专门为皇室制作和修复各种宫廷珍藏的古物、古器，以满足上层统治阶级的各种需要；民营手工业领域，全国各地区逐渐形成了规模不一的青铜器仿制修复作坊，各个作坊有其自身技艺的发展与传承，不同作坊之间也有交流与借鉴。青铜器修复行业培养了大批专门工匠，形成了较为完善的生产加工操作链。工匠们不仅从事整器作伪或伪铭、伪花、改锹、拼凑等工作，还承担青铜器的修补工作，更与铸造加工、经营销售相结合，形成了一套完善的工艺技术体系。生产加工的产品不仅流通于全国各地，还远销海外。高濂的《遵生八笺·论新铸伪造》记载："近日山东、陕西、河南、金陵等处伪造鼎、彝、壶、觚、尊、瓶之类，式皆法古，分寸不遗，而花纹款式悉从古器上翻砂，亦不甚差，但以古器相形，则迥然别矣。"

纵观古今历史，近现代青铜器的修复与复制技艺是从古代仿制工艺中逐渐发展起来的，铜器修复技艺是非物质文化遗产中一颗璀璨夺目的明珠。

第二章 中国近代青铜文物修复与复制技艺

一 近代青铜器修复流派特点及传承

民国时期，由于帝国主义的不断侵略，我国经济、政治各个方面遭受了巨大的打击，具有重要价值的文物也被无情的资本家非法侵占与掠夺，文物偷盗转卖与仿造之风盛行。在资本与金钱的诱惑下，工匠们通过拼凑青铜器残片、凿刻纹饰、浸蚀、着色，以达到商业贸易的需求，一方面提升了青铜器仿制技术，另一方面也扩大了市场。总的来说，明清乃至民国时期青铜器仿造业已经在全国范围内形成几处发展迅速、独具特色的区域。这几个地区的工匠世代沿袭传统技艺，将各地青铜器复制与修复作坊有序传承。以北京地区为例，古玩店主要集中在琉璃厂、东华门、东四牌楼等地，业务以收购仿制青铜器为主。北京古董商在河南安阳等地大批收购青铜器，挖掘出土的破碎青铜器带回北京来找人修补，这就极大地推动了北京铜器修复技艺的发展，古铜名匠的作伪技术也日趋精湛，可以根据不同的需要使用不同的方法制作表面锈蚀产物。

新中国成立以来，新一代的修复者继续传承和发扬传统青铜器修复技艺，将理论与实践相结合，不断创新发展，使铜器修复界呈现百花齐放、百家争鸣的繁荣景象。各地博物馆、考古所、研究机构逐渐重视文物修复，尤其是青铜器修复的地位与作用显著增强。2003 年 12 月 24 日，国家民政部批准成立中国文物学会文物修复委员会，作为一个全国性的学术研究团体，它汇集了国内众多权威修复技术专家，致力于全国文物修复领域的研究工作，组织文博及社会各界的文物工作者开展学术交流、业务培训、展览展示、书刊编辑、国际合作和咨询服务等工作。作为文物修复领域第一个由政府主导、挂靠于全国农业展览馆的官方学术组织，文物学会文物修复委员会的成立代表我国文物保护事业进入了一个新的时代。对于加强文物科技保护、修复、复制技术的经验总结，促进传统修复技术的传承发展，进一步推动专业人才学术成果的宣传与学术交流具有深远的意义。

与此同时，运用科技检测与分析的手段在文物保护领域的比重逐年增大，文物科技保护成为新中国成立以后文物保护方面的主旋律。1956年，中国文物研究所的前身——中国文物科学技术保护研究所在北京成立，标志着我国文物科技保护的起步。20世纪60年代以来，中国历史博物馆、上海博物馆、南京博物院、甘肃省博物馆等国内各博物馆相继成立文物保护实验室，现代科学技术与传统工艺逐渐结合，我国文物保护事业持续焕发生机。

青铜器修复技术与其制作、仿制技术关系密切，近代青铜器修复传统技术由皇宫走向民间，经过长期的实践和经验积累，逐渐发展成为具有中国特色、匠心独运的一门技术，也就是青铜器保护行业常说的北京派、苏州派、潍坊派和西安派四大流派。

关于近代以来民间青铜修复的几大流派，学者们的观点各有不

图 2-1
中国文物学会文物修复委员会成立合影

同。南京博物院万俐早在1991年就指出，我国的北京、上海、洛阳、苏州、潍县都有这样的行业。1996年，王文昶在《青铜器辨伪概论》中提及，历代作伪地区可分为东、南、西、北、中五区。其中，“东”指山东潍县、济南，以潍县为主;“西”以陕西西安为主;“南”指苏州、南京、杭州等地，以苏州为代表;“北”指北京;“中”以河南开封为主。同年，贾文忠首次明确提出“青铜民间四派”，即潍坊派、苏州派、西安派和北京派。莫鹏和周保中在1998年和2001年先后都指出，19世纪末各地民间青铜器修复作坊已形成各具特色的流派，如北京派、苏州派、洛阳派、潍坊派和西安派等。之后的王晓鸣、韦江胜、谭鑫刚、霍海俊等学者也基本沿袭了“青铜民间四派”这一说法，没有太大改变。因此，总体来看，北京、苏州、潍坊三地已形成较为完善且传承有序的青铜器修复派别，西安派等也不容忽视。

北京派

北京派形成于清光绪年间，是民国时期仿造古铜器重要的四大派系之一。据传，其创始人是当时在清宫造办处古铜局负责修复宫廷内珍藏的历代青铜器的“歪嘴于”[1]。据《北京民俗文化宝地：百年琉璃厂》记载，“歪嘴于”是河北衡水人，清光绪年间他曾负责修补故宫的古铜器；辛亥革命期间，他在北京前门内前府胡同开设“万龙合”古铜作坊，从事修复古铜器的工作。在此期间于师傅还收徒传艺，据说“歪嘴于”前后一共收过7个徒弟，其中最有名的两个徒弟是郭树根和张泰恩。郭树根在慈云寺庙修古铜，人称“古铜郭”[2]；张泰恩是“歪嘴于”最小的徒弟并最终继承了他的衣钵，人称“古铜张”。这两代人开创了京派古铜修复的先河。

图2-2
张泰恩先生

辛亥革命前后，张泰恩将“万龙合”改名为“万隆合”古铜局，作坊搬迁至崇

1 2012年12月17日，在中国社会科学院考古研究所通过对白荣金先生进行口述的访谈得知。
2 霍海俊、王五胜、李华元：京派古铜器修复技术百年发展脉络概述，中国文物科学研究，2006年第4期。

文门外东晓市大街路北，主要为琉璃厂古玩商修复青铜器。他既能刻伪字，又能作伪锈，技艺颇精。期间共收 11 位弟子，其中 7 位成为第三代北京派青铜修复技艺的中流砥柱，分别是张文普、贡茂林、王德山、张子英、张书林、赵同仁和刘俊声。之后，由张文普掌管的万隆合生意红火、广聚人才，他陆续收了 7 个徒弟：张兰会、高英、赵振茂、李会生、冀永奎、贡聚会和侯振刚。而王德山则研究发明了“漆地磨光”作假地子和“点土喷锈”作假锈色的新技术，可以把残破严重的铜器部位修复到与原部位浑然一体、难以分辨。故宫博物院藏民国时期仿商代人面盉和铜觯皆出自他手。20 世纪 30—40 年代，王德山又先后培养了刘增垒、毛冠臣、杨政填、王喜瑞、贾玉波、王荣达、王长青、杨德清等徒弟。直到现在，北京各大博物馆的修复骨干人员也多是由“北京派”的“古铜张”和“古铜郭”传承下来的，承袭了前代的基础而又有所突破，修理青铜器的手艺也各有千秋。可见从第三代开始，“北京派”真正形成了“桃李满天下”的格局。

图 2-3
北京派青铜修复技艺传承谱系图

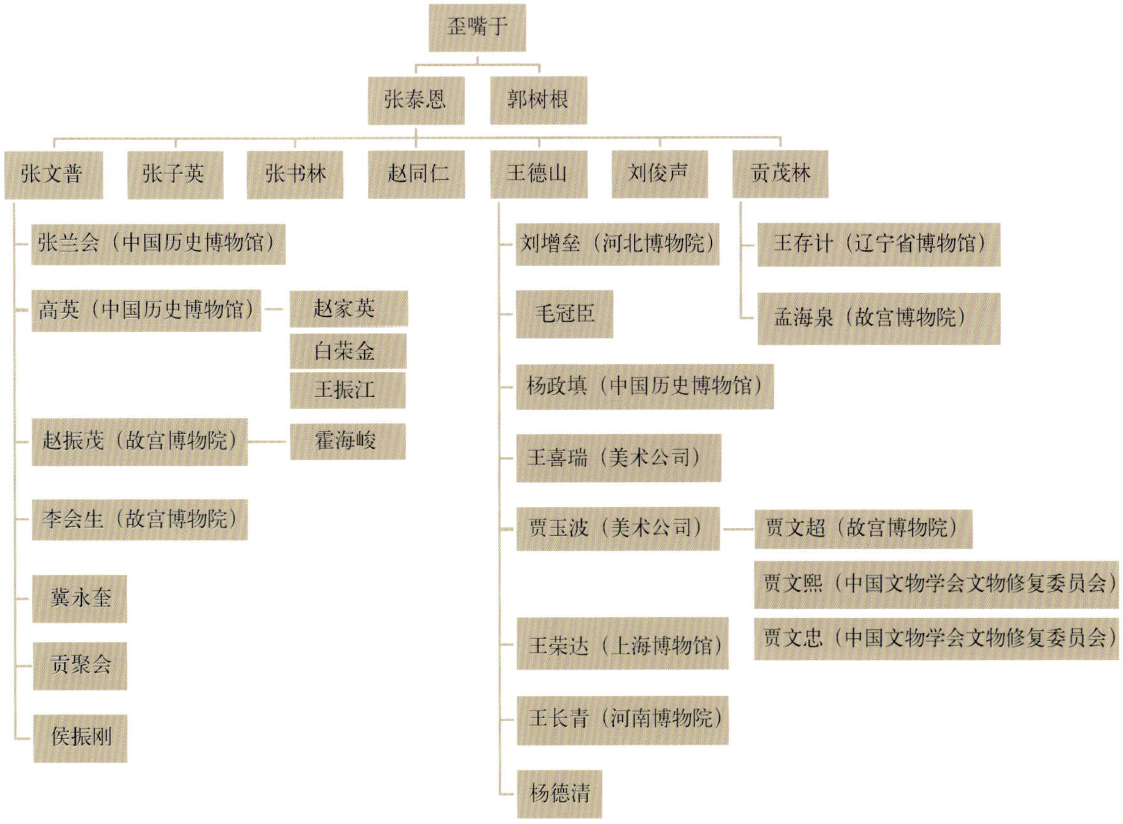

北京派青铜修复技艺发展到第四代，多数弟子在1949年以后进入各地博物馆继续主持国家重大考古发掘文物修复项目，悉心钻研青铜文物修复的新技术、新方法，为新中国的文物保护与修复事业注入了新的活力。他们不仅遵循师辈的教诲，忠实地继承传统工艺，还会在修复实践中不断总结、改进并撰写文物修复论著，如赵振茂编著的《青铜器修复技术》，是我国首部系统总结青铜器修复的专著。

图 2-4
赵振茂与徒弟王有亮（右）

图 2-5
王荣达对青铜盉进行作旧

1976—1982年，国家文物局委托各地博物馆举办文物修复培训班，北京派青铜修复技艺第四代传人高英先后在北京科技大学、河南博物院、湖北省博物馆举办青铜器修复培训班；第四代传人王荣达先生3次在上海博物馆举办青铜器修复培训班，手把手传授了焊接、篆刻、补配、作旧等传统修复技艺，培养了一大批正在从事或有志于从事铜器修复的专业人才。他们更加深入地发扬与传播了“古铜张”一派青铜器修复技艺，同时也提高了从事文物修复工作的专业人员的技术水平和业务能力。

第四代传人贾玉波与他的后代们见证了老北京以“古铜张”为代表的青铜修复业的发展，被称为“文物修复世家”。2016年底，凝聚

图 2-6
贾氏文物修复之家

了贾氏家族三代心血的旷世之作《吉金萃影——贾氏珍藏青铜器老照片》出版并震动了当时的文物界，该书真实地还原了大国重器的历史，弥补了许多珍贵青铜器著录信息的缺环。

苏州派

苏派青铜文物保护修复传统技术的形成与发展，与吴地一带非常悠久的青铜冶铸加工和仿古青铜器制作的历史密不可分。

春秋时期，巧匠名师欧冶子、干将等便在姑苏开炉冶炼、制作铜器[1]。唐代，吴地制作的青铜镜造型、纹饰就已经十分精美，驰誉长安(今西安)。仿古青铜器的制作，在北宋时已达到很高水平。宋代张世南的《宦游记闻》和赵希鹄的《洞天清禄集》，都有铜器作伪的详实记载。南宋时，平江（今苏州）人王吉精于修补及伪制古铜器，与京城临安（今杭州）的姜娘子齐名。元代，甫里（今苏州角直）人陆颐是制造铜器的良工。

明代王士性在《广志绎》中论道："姑苏人聪慧好古，亦善仿古法为之，书画之临摹，鼎彝之冶淬，能令真赝不辨。又善操海内上下进退之权，苏人以为雅者，则四方随而雅之；俗者，则随而俗之。""物有雕镂，亦皆周、秦、汉之式，海内僻远皆效尤之，此亦嘉、隆、

1 杨卫泽：文化遗产苏州古城，古吴轩出版社，2003 年。

万三朝为盛。”明代苏州名匠云集，宣德年间仿古铜器铸作成风、颇具规模，并且形成了施姓和“甘为堂”两大流派，以铸炉闻名遐迩。正统初年，已出现十分精美、几可乱真的“仿宣德炉”，时人号之“苏铸”。名家蔡文甫所制的“鱼耳”和“蚰耳”仿宣德炉更是其中精品。万历年间，吴中仿古青铜器名家胡四所铸鼎彝之器与旧铸一般无二，行家也难以分辨。当时城内还有徐守素、蒋彻、李信、邹英等，均为一流高手。

清初，铜锡匠作已由木渎发展到城里阊门一带。《乾隆府志》记载:“郡中西城，业铜作者不下数千家，精粗巨细，日用之物无不具。”“上既仿制以崇古，下便伪造以图利”，苏州仿古青铜器的品种此时越来越多。清乾隆以后，苏州已成为民间古器物复制业的基地。乾嘉时期，金石家顾湘舟、钱梅溪等亲自督工制作的仿古青铜器，从形制铭文、纹饰、厚薄、成分轻重都与原器分毫无误，已达难辨真伪、新旧的水平，深受古玩收藏界的推崇，被称为“苏州造”。道光时，吴门甘、王两家仿制的三代彝器达到了难辨真伪的程度。

民国时期，民间铸造仿古青铜器有苏州、西安、潍坊、北京等中心地区，苏州仿古铜器业以周梅谷、刘俊卿、蒋圣宝、骆齐月等为代表，尤以周氏“贴蜡法”为个中翘楚。

现今苏州仿古铜器的技术基本上是继承了周梅谷作坊工艺，因此“苏州派”的保护修复技术与周梅谷有着密切关系。周梅谷（1881—1951），原名周容，师从吴昌硕，民国时期著名的金石碑刻家、书画家、篆刻家，也是苏州仿古铜器的奠基人。从1921年起，周梅谷开始研究仿古铜器，招收能工巧匠，先后仿制了鼎、彝、卣、炉、壶、尊、盘等各种古器，几乎可达到难辨真伪的程度。周梅谷作坊仿制的铜器远销欧美、日本，备受欢迎，成为一时瞩目的珍品。例如，其仿制的“车马猎纹方口壶”，至今仍被视作珍品收藏于美国芝加哥美术博物馆。

图2-7
周梅谷先生

现国内所公认的“苏州派”创始人是晚清至民国期间苏州有名的“金铜

匠”——金云松，他专事铜器修补及浇铸，精于修复、仿制商代青铜器，在铭文和纹饰錾刻方面有独到造诣。金云松不但精于修补及浇铸铜器，而且其修复仿制的商代青铜器精致、逼真，特别是其铭文錾刻和锈层修饰的技法，皆有独到之处。金云松的儿子金润生、金满生凭借炉火纯青的修复与仿制技术，成为“苏州派”的典型代表艺人。他们将传统切割、焊接、补配、錾刻、作旧等技艺与历代古铜器的造型纹饰、工艺风格、时代背景相结合，使得器物修旧如旧，符合各朝时代特点，为之后的文物修复保护工作的发展奠定了基础。

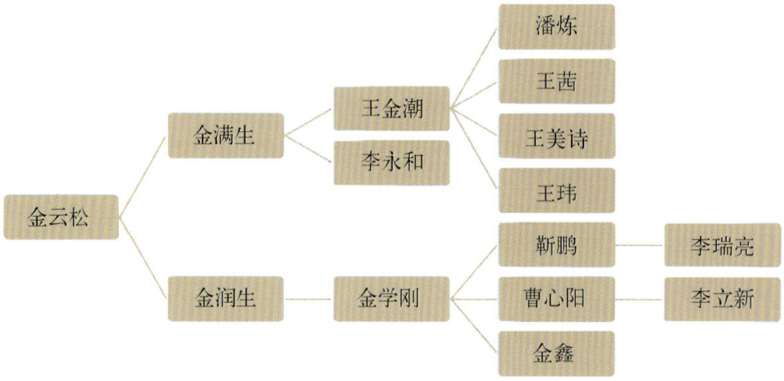

图 2-8
苏派青铜修复技艺传承谱系图

由于工作发展的不同，金润生和金满生分别就职于安徽博物院和南京博物院，逐渐形成了两支流传有序的苏派青铜文物保护修复队伍。第三代传人有南京博物院的王金潮、李永和，安徽博物院的金学刚；第四代传人有南京博物院的潘炼、王茜、王美诗、王玮，安徽博物院的靳鹏、曹心阳、金鑫；第五代传人李瑞亮和李立新于 2013 年 5 月 15 日完成拜师仪式，正式加入“苏州派”。他们最朴素的初心与坚守，就是最大限度地延长青铜文物的寿命，将文物修复保护的新技术、新材料、新研究与传统工艺相结合，进一步发扬文物修复工作中的工匠精神。

在非物质文化遗产保护方面，苏派青铜修复技艺凭借其独到的焊接、矫形、翻模补配、作色和作旧五大技术，入选了 2014 年安徽省第四批非物质文化遗产名录。苏派青铜修复传人们凭借高超的修复技艺和成熟的修复理念，共同为新时代的文物保护事业做出了巨大贡献。

图 2-9
安徽博物院金学刚传艺带徒

图 2-10
李立新正观察铜器的断裂面

潍坊派

潍坊冶铸铜器历史悠久，早在明代中后期，商品贸易迅速发展，收藏、鉴赏古物之风盛行，山东地区青铜器的作伪业也日渐兴盛。山东的青铜作伪主要是在潍县地区，明清时期在此已经形成专门从事青铜器冶炼、铸造的仿古铜作坊，相继培养了一大批技艺精湛的工匠艺人。清乾隆、嘉庆之后，“潍坊造”青铜器开始进入成熟期和快速发展期。乾嘉学派的兴起使潍坊出现了以陈介棋为中心的“山左”金石圈，极大地推动了潍坊派仿古铜器的发展。

陈介祺（1813—1884），字寿卿，号簠斋，晚年号海滨病史、齐东匋父。道光年间进士，道光、咸丰、同治、光绪四朝在清翰林院任职，官至编修。他毕生精力都用于搜集金石文字，研究金石学，善于拓墨。

民国时期，繁荣的古玩市场给潍坊青铜作伪业提供了巨大的生存空间，众多作伪高手涌现出来，有以錾刻花纹、铭文见长的范寿轩，有既擅长刻细笔道铭文又擅长翻砂的王荩臣、王海父子，还有展书堂、赵允中、李玉彬、李玉堂、胡延贞、潘承霖、李懋修等。随着战争的爆发，古玩市场萧条、衰落，经济呈现下滑的趋势，包括“潍坊造”在内的诸多古玩作伪行业逐渐销声匿迹。

山东潍坊派仿制老铜器的方法是先塑蜡胎，再以此为模，披砂翻铸铜器。铸出的器物多体重壁厚，有砂眼，经打磨修整后，涂以盐酸等化学材料，埋入地下，盖上湿麻袋，不时喷水，保持潮湿状态，使铜器自然生锈，然后上蜡，冒充传世已久的熟坑铜器。对于造型复杂的铜器，就将耳、足、身分铸后，用焊锡拼焊组装成器。“潍坊派”的做锈方法因时间短，很难有地子出现，锈层显得浮薄松软。

新中国成立后，政府开始重视民营手工业的生产与经营，完善了相关政策来加强非物质文化遗产保护的宣传力度，以期复兴中国民间传统手工艺。20 世纪 50—60 年代，郭兰村成立了工艺美术研究室，重点发展风筝、仿古铜、拓片等 7 种潍坊传统特种手工艺，潍坊仿古铜业从此进入了一个新的辉煌发展时期。

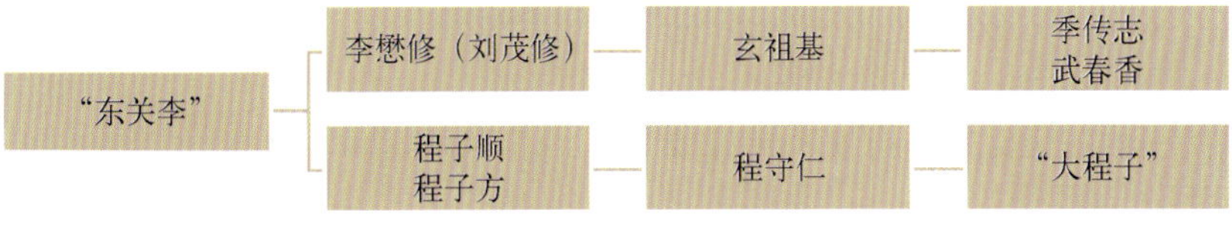

图 2-11
潍坊派青铜仿制与修复技艺传承谱系图

《潍县志稿 · 特种手工业》曾有记载：“仿铸古铜始于东关李姓，所仿三代秦汉彝器，佳者可以乱真。”据此可知，“东关李”是潍坊派青铜仿制与修复技艺的始祖。第二代传人是其女婿刘茂修和程子顺、程子方兄弟俩。清末民初，“东关李”的徒弟程子顺和其弟程子方在潍坊城内建立专门仿造古铜器的法古斋和仿古斋，在当时小有名气。第三代传人是潍坊东关大街铜艺人程守仁和玄祖基，1949 年后作为

图 2-12
潍坊工艺美术研究所老艺人及徒弟合影

图 2-13
玄祖基与徒弟武春香

潍坊仿古铜技艺的代表人物，受邀参加全国工艺美术工作会议，并被授予“全国老艺人”的光荣称号。第四代传人化名“大程子”，曾工作于潍坊工艺美术研究所，后转行；而季传志和武春香继承了传统潍坊仿古铜工艺，包括塑模、翻砂、錾刻、挫花等技艺，尤其擅长上假锈、鎏金、包金等技术。

潍坊派青铜仿制与修复技术经过几百年的传承与发展，形成了独特的文化面貌，具体体现在浇铸造型、錾刻纹饰、补配拼凑、作假锈等表面装饰技术，尤其是翻砂法和失蜡法更是巧夺天工。

西安派

西安是青铜器仿古作伪比较早的地区之一。清代，西安地区流行在青铜器上錾刻伪铭。清道光年间，西安知县刘喜海按照《宣和博古图》体例，绘制图例与铭文，共两卷，辑为《长安获古编》。期间，他大量收购有铭文的青铜器，无字者一概不收，古董商们就投其所好，制作有铭文的伪器。然而，铸器作铭费工耗时且难以逼真欺市，古董商们就找工匠在真器上錾刻假铭。铭文或抄袭或杜撰，以致錾刻伪铭之风盛行，出现了很多能工巧匠，代表人物有苏亿年（苏六）、苏兆年（苏七）和张二铭（俗称“凤眼张”）。在真器上錾刻伪铭最早就始于西安地区，而“西安派”最显著的特点就体现在錾刻伪铭上，其仿造程度之精巧令人咋舌，容庚先生就认为《金文著录简目》中的番仲吴生鼎是“凤眼张”的伪刻。

近代西安派仿古作伪的基本特点为仿造的青铜器中以度量衡器居多，作假锈的方法是把伪器埋入地下若干年，使其生成的伪锈与真锈十分接近，这种方法生成的锈与用酸腐蚀、堆积成的伪锈明显不一样。清末，古玩市场在北京、上海及沿海地区日趋活跃，而山东潍坊和陕西西安古玩市场逐年萎缩，工匠也日趋减少，有的进京，有的南下或转业了，因此“潍坊派”和“西安派”在新中国成立后不久就失传了，有关这两派的资料也相对较少，而“北京派”和“苏州派”代代相传，其传承人在今天的青铜器保护修复领域中仍然发挥着重要作用。

图 2-14
商代亚奚簋及伪铭

二 现代苏派青铜修复技艺的传承发展

新中国成立后，中国结束了一百多年来被侵略奴役的屈辱历史。国民经济迅速增长，手工业生产得以复苏，苏派青铜修复技艺也得到了很大的发展。作为“青铜民间四派”最重要的队伍之一，“苏州派”在古代青铜器修复领域独当一面，对整个修复行业的发展发挥了巨大的推动作用。

20 世纪 30—40 年代，金云松的两个儿子金润生和金满生青出于蓝而胜于蓝，成为苏派青铜修复的代表人物。金氏兄弟以其博大精深的苏派修复技艺，在业界内外闻名遐迩。金润生、金满生不但铜器修复技艺精湛，而且识别古铜器赝品的能力也高人一筹、十分了得。

上海大收藏家单福宝看中了金满生的手艺，邀请他修复私人收藏的若干古代青铜器。在这期间，上海这个繁华的大都会为他提供了展示能力的舞台，金满生极大地拓宽了业务范围，与叶淑从、张四君等大收藏家也有相关的合作联系。单福宝要求被修复的青铜器必须看不出明显作旧的痕迹，水银沁等也必须仿得惟妙惟肖。金满生严格遵循修旧如旧、保持其原状的修复理念，把那些残破相当严重的青铜器修补复原，使修补复原的部位与原件原部位浑然一体。连收藏家都极难分辨出补配复原的地方，苏派青铜修复技术逐渐在上海收藏界声名鹊起。之后，金氏兄弟俩一起进入苏州博物馆，从事青铜器的保护修复工作，为传承、弘扬中国传统文化留下历史的根脉。

图 2-15
苏州工艺美术博物馆藏遗存模版

图 2-16
苏州工艺美术博物馆藏凤纹簋仿古铜器

子当留斯馆，我当归故乡

1955 年 5 月，安徽寿县西门内偏北处发现了举世闻名的蔡侯之墓，这是继 1933 年寿县朱家集出土大群楚铜器之后最大的一次考古收获。该墓出土了大量具有重要历史、艺术、科学价值的青铜重器，但大部分器物残破不全并患有严重“青铜病”。那时的安徽省博物馆刚刚成立不久，文物保护的力量还比较薄弱，文物修复队伍还没有完备。而馆内大量残破的青铜器可等不了那么久，文物修复迫在眉睫，不及时地进行保护很有可能会对文物造成二次伤害。

面对此情此景，安徽省博物馆随即邀请金满生、金润生等青铜器修复专家，对该批数量众多的青铜器进行修复与保护。工作期间，金

图 2-17
寿县蔡侯墓出土铜列鼎

氏兄弟俩修复并保护了战国蔡昭侯墓、蔡声侯墓和蔡元侯墓的大量青铜器，并按用途分为兵器、车马器、食器、酒器、盛储器等，数量众多，历史价值很高。短短几年里，金氏兄弟俩与安徽省博物馆的馆员培养出了深厚的感情，馆里领导和同事给予无微不至的关切和帮助，而兄弟俩也以踏实负责的工作态度尽自己最大的努力来还原青铜文物本来的面貌。

工作完成之后，在馆内外领导、同事们情深意长的劝说下，金润生选择在安徽省博物馆落地生根，以馆内师承制教学模式将"苏州派"修复技艺世代传承。苏派青铜修复技艺继续向西传播，从而影响了安徽等地从事文物保护的青年才俊。现如今，苏派青铜修复技艺在安徽博物院已经发展到第五代，在继承传统技艺的基础上创新性地引入了现代科技保护手段。文物修复师们就像医生一样，对症下药、妙手回春地为历史珍宝续写新的生命。金润生传播的不仅仅是苏派青铜修复的技术与方法，更是匠心独具的非物质文化遗产理念与情怀。

安徽博物院的镇馆之宝是端庄肃穆的楚大鼎，又叫铸客大鼎，其雄伟浑厚宛如君王散发着问鼎中原的气质，已经完全看不出岁月在它身上留下的"痕迹"。殊不知，它的前世历经坎坷，见证了国家几十年的苦难。

1933 年，安徽省寿县朱家集李三孤堆楚王墓葬遭到疯狂盗掘。据不完全统计，出土器物达几千件，其中就有这硕大的楚大鼎。它因体积太大幸免于难，同样也是因体积太大而不幸受损。楚大鼎被盗挖出来后，便开始了颠沛流离的旅程。1937 年 7 月，卢沟桥事变的爆

图 2-18
安徽博物院苏派青铜修复技艺传人合影

发标志着中国全面抗战的开始，为避免落到日军手中，楚大鼎同故宫文物一起被辗转运送到四川重庆。1939 年，日军对重庆进行了一次大规模的轰炸，楚大鼎被迫再次迁移到四川乐山一带。抗战胜利后，它又被运回南京博物院收藏。1950 年，楚大鼎回到安徽合肥。在几次的搬运过程中，因体量太大就被滚着搬运，可怜的楚大鼎局部受损严重：足部脱落、耳破损、鼎身开裂。

为了拯救这批珍贵的文物，安徽省博物馆任命金润生作为文物修复专家组的重要成员，对饱经沧桑的楚大鼎进行抢救性修复。在全体成员的团结合作下，文物修复专家组成员夜以继日地奋战在抢救修复的一线上，历经半年的努力，尝试了无数方法，楚大鼎终于恢复了往日的雄姿，向世人展现国家重器的英姿。就连毛主席在参观时，还绕着楚大鼎细看，风趣地说："这个大鼎，里面能煮一头大牛哇！"文物医生正是通过精湛的技艺，使埋葬千年的中华文明瑰宝重现往昔的辉煌。

2009 年 9 月，安徽省博物馆青铜器修复专家再次对楚大鼎进行复制，经过几个月的奋战，一个和国宝楚大鼎几乎完全一样的克隆"楚大鼎"成功诞生。面对几乎难辨真假的"楚大鼎"，负责此次复制

图 2-19
安徽博物院藏楚大鼎

项目的郑龙亭研究员高兴地说，如此规格的大鼎能成功复制，不仅在安徽是首次，在全国也非常罕见。郑龙亭先生用了一个“难”字作为概括。他说，楚大鼎属于国宝级文物，不仅体积巨大，还伤痕累累，为了不对它再造成伤害，文物修复专家组抛弃整体复制的方式，而是分成若干个部分进行。整个大鼎被“分解”成 29 块，制作出来的模具达 130 块之多，这也将原本准备半个月完成的倒模工作，延长了一个月之久。

最让人惊叹的是，克隆“楚大鼎”不仅和真正的国宝楚大鼎一样沧桑、宏伟，就连大鼎口沿上的铭文和裂痕都一样清晰、真实。师从金学刚的两位青铜器修复技术人员——靳鹏和曹心阳，对克隆“楚大鼎”进行了精心的“作旧”修整。靳鹏先生说:“复制文物都是通过最后的作旧工艺完成的，这也是文物修复中非常重要的一环。”此次复制的楚大鼎，从尊重历史的角度出发，不仅仍旧采用传统工艺，还在作旧环节上全部采用天然的矿物质原料，如三漆片，它其实就是一种昆虫的排泄物，用它可以增加着色的牢固性。复制工作才刚刚结束，一些前来考察的专家就已经给予了充分肯定。

双凫俱北飞，一雁独南翔。

子当留斯馆，我当归故乡。

手足之情，难舍难分，但苏州青铜器修复作坊不能长期无人打

图 2-20
1965 年刚参加工作不久的王金潮（左二）

理，苏派青铜修复技艺仍需坚守自己的根脉，金满生满怀与兄长离别的感伤之情重返苏州。即使分隔两地，兄弟之间的情谊依旧深厚，兄弟俩经常在一起交流工作中遇到的问题，共享解决方案，共同为苏派青铜文物保护事业的发展添砖加瓦。金满生后因编制改变，进入南京博物院文物保护专家系统，成为南京博物院铜器修复领域的中坚力量。工作期间，他创造了古砖除锈法，还借鉴苏作红木家具和玉器打磨技术，将木则草泡软，在不伤害本体的前提下给十分脆弱的金属文物除锈，可谓是继承弘扬并创新了苏派青铜修复技艺。让历史说话，让文物活起来，苏派青铜修复技艺在安徽博物院和南京博物院都得到了巨大的发展。

观千剑识器，操千曲晓声

“择一事，终一生”，生命有限，在有限的时间里，倾注一生的心血，专注于一件事情，将其做到极致，谓之“匠人精神”。王金潮先生就是这样一位拥有“匠人精神”的杰出大师，从 1965 年第一次接触青铜器开始，五十多年的时间里，他心无旁骛、勤勤恳恳、努力钻研，只为做好青铜器修复这一件事。

20 世纪 60 年代，王金潮开始跟着金满生学习青铜修复技艺，成为苏派青铜修复技艺的第三代传人。在他的手里，破碎的铜片能化腐朽为

图 2-21
王金潮传授青铜器制作工艺知识

神奇，成为精美的艺术品；在他的身后，年轻的修复师们在其悉心栽培下，逐渐能够独当一面，苏派青铜修复技艺也再次得到继承与发展。

1966 年回到南京博物院以后，王金潮先生开始正式跟着师父修铜器了，参与的第一个大项目是江苏省淮安市涟水三里墩青铜器群的修复工作。1965 年，南京博物院考古工作队对涟水三里墩墓实施了抢救性发掘工作，该墓为涟水地区首次发现的大型西汉墓。此次发掘清理出土了一大批纹饰精美的青铜器，其中包括一级藏品“错金银立鸟壶”“错金银牺尊”“嵌松石卧鹿”“嵌松石错金银镂空铜镜”及铜车马等，为研究涟水地区西汉社会、政治、经济、文化等方面提供了可靠的实物资料。多数铜器出土时已破损，需要修复的青铜器数量多、难度系数大，由南京博物院文物保护研究所金属文物修复专家对其进行修复，王金潮先生跟着师父花费了好多年才修复完成。现在这些修复好的文物大多安放在展柜里，大家去参观南京博物院历史陈列馆的基本陈列——《江苏古代文明》，就能看到这些精美的文物。

在涟水三里墩青铜器群的修复工作中，损坏最严重的一件是“嵌松石卧鹿”。这件青铜器送到南京博物院的时候，鹿嘴缺失，鹿角破碎，鹿身也被压扁了，同时出土的还有一面残破的铜镜，整体状况惨不忍睹，尽显历史的沧桑。经过王金潮先生的悉心修复，现如今陈列在展览厅的“嵌松石卧鹿”栩栩如生，铜鹿通角高 52 cm，身长 26 cm。鹿作伏卧状，与自然界的真鹿休憩时状态相似，在造型上是

图 2-22
涟水三里墩青铜器

图 2-23
南京博物院藏嵌松石卧鹿

模仿鹿科哺乳动物的形象。头部略圆，头颈直立，耳长且竖立，眼大而圆，颜面部较长，貌甚警觉。眶下腺呈裂隙状，泪窝分明。体型为中小型，四肢细长，前肢分别伏于身体两侧，紧贴地面，后肢置于鹿身右侧，两腿叠压呈放松状态。犄角槎枒，鹿角细长且顶部弯曲，竖立于头部两个突起的角柄之上。角上共四杈，次杈与眉杈间距较大，其位置较高，主干在末端又分出两个小杈。脊、臀、胫、耳等部分镶有绿松石，鹿角如树枝般昂扬向上，充满生命的灵动。

王金潮在继承师钵的同时也进一步发展了苏派青铜修复技艺，用自己日益纯熟的技艺修复了数不尽的青铜文物，如汉代银缕玉衣、青铜天文仪器浑天仪和简仪等。面对这样一些十分具有挑战性的工作，王金潮等苏派青铜修复技艺的传人从不畏惧，而是迎难而上、不断钻研、改进技艺，使这些精美的艺术品重新散发出光芒。

1970 年，故宫博物院恢复开放，次年慈宁宫中举办了“无产阶级文化大革命期间出土文物展览”，而在这次展览的背后，是许许多多文博专业人士共同的努力。王金潮先生就在展览前夕被调往故宫博物院，和那里的修复专家一起参加文物的修复工作，并在这段时间里独立完成了汉代银缕玉衣的修复工作。这件银缕玉衣 1969 年出土于徐州东汉彭城靖王刘恭墓，由于发掘时墓葬被扰动，导致玉衣散乱成 2 400 多片，并缺失 200 多片。面对如此艰巨的修复工作，王金潮仔细观察了此前 7 个地区出土的 10 件玉衣的玉片，经过不断的尝试，才分类编缀成功。他将出土时凌乱不堪、面目全非的玉衣修复完整，这在国内尚属首次。

南京紫金山天文台露天放置的浑天仪和简仪是世界上现存最大的室外古青铜天文仪器，不仅在世界天文发展史上具有十分重要的地位，其制作技术也代表了我国 500 多年前在天文、冶金铸造和工程力

图 2-24
1966 年故宫博物院与南京博物院的文物修复人员合影

学等科学技术领域的高超水平。然而，近代战争的破坏和自然环境造成的损坏，使得浑天仪和简仪在 20 世纪 80 年代末存在濒临倒塌的危险。王金潮临危受命，领导课题小组承担起修复浑天仪和简仪的艰巨任务。这项工作没有先例可循，面临的所有问题都是全新的，需要不断进行新的思考，制定新的解决方法。

作为世界上现存最大的室外古青铜天文仪器，浑天仪重约 10 t，简仪重约 14 t。针对如此巨大的青铜文物，常规的锡焊强度不够，无法修补好裂缝。王金潮先生通过数次实验发现，银铜焊接法可以很好地解决强度不足的问题，而这种焊接方法还是首次应用在青铜器的修复上。除了焊接的问题，紫金山天文台临近工业区，浑天仪和简仪又

图 2-25
徐州东汉彭城靖王刘恭墓银缕玉衣

图 2-26
错银铜牛灯修复前后

图 2-27
南京紫金山天文台的浑天仪

图 2-28
南京紫金山天文台的简仪

都是长期露天放置，常用的铜缓蚀剂如苯骈三氮唑（BTA）根本不足以抵御酸雨的侵蚀。为了解决这个问题，王金潮与南京市化工研究设计院的谢甦先生合作，合成 di-BAA 和 SA 树脂并分别进行了复配，对浑天仪和简仪脱水后进行缓蚀和封护，用这种工艺处理过的青铜文物，既能保持原始特征，又能有效地阻止腐蚀。此外，他还借助腐蚀和人工老化试验、电化学极化曲线、XPS 分析等方法，从腐蚀科学、能谱学、配位化学和高分子化学等学科的角度讨论了防护材料的性能和工艺与浑天仪、简仪带锈防护之间的关系，将研究成果撰写成论文《污染大气中浑天仪、简仪的带锈防护》(发表于 1994 年第 1 期《文物保护与考古科学》)。

在修复浑天仪和简仪的同时，王金潮还有一项任务，那便是复制简仪以保存这一古代杰出的技术。传统工艺难以确保相位精度、复制品的强度和刚性要求，王金潮先生和团队为了保证复制工作的圆满成功，又重新进行工艺设计，经过多次方案论证，最终采用玻璃钢加工工艺中的充压袋塑法：在玻璃钢毛坯做好后，立即放入充压袋并合模充压，使两个半模同时加压、固化、整体成型。这种方法大大提高了复制品的相位精度和整体刚性。

在多年的修复生涯中，王金潮先生始终在学习，尤其注重新材料和新技术的使用。在这一次简仪的复制过程中，他就使用了南京玻璃纤维研究设计院最新研发的表面毡和玻璃纤维短切厚丝毡两种新材料，大大地缩短了制作周期，减轻了工作量。他还专门写文章向其他文物工作者们介绍这些方便实用的新材料，如 1995 年《东南文化》第 4 期就刊登了他的文章《美国 P.S.I 公司生产的速成胶在文物修复中的应用》。

2002—2007 年，随着王金潮修复水平的日益精进、渐臻完美，他先后主持了河南郑州新郑青铜器群、江苏徐州泗阳汉墓青铜器群、江阴博物馆馆藏青铜器、江苏扬州江都南朝青铜器群、扬州博物馆馆藏青铜器和江苏淮阴高庄战国青铜器群的修复工作。

在修复淮阴高庄战国青铜器群的过程中，王金潮敏锐地发现几件铜器上有焊接痕迹，还发现了铅锡焊料。如果对这批青铜器的各方面进行分析研究，将有可能为研究春秋战国吴越地区的经济、文化提供材料。于是，他从 15 件青铜器中挑选了残片样本 28 个，送往北京科技大学冶金与材料史研究所，进行金相检测、铜器成分分析、焊料成分分析和焊料 X 射线衍射分析。分析结果显示，淮阴高庄战国青铜器群在青铜容器锻造技术和焊接技术两方面特点突出，而这两方面正是中国青铜器制作技术在春秋战国时期进一步发展的重要标志，由此反映出这一时期江淮下游地区青铜器的制作水平，对于研究中国冶金技术史及东周经济、文化具有重要参考价值。在这一研究的基础上，王金潮与北京科技大学的专家对长江下游江苏宁镇地区 34 件吴国青铜容器样品进行了金相观察和成分分析，发现其铅含量普遍偏高和含砷青铜的存在这两大合金特点，进一步了解到两周时期吴地的青铜器铸造业，吴地与中原及其他地域在青铜技术方面的传播交流。具体的分析过程可见 2014 年《江汉考古》第 2 期的《吴国青铜容器的合金成分和金相研究》一文。

2009 年，由于一场盗墓引发的事故，南京博物院考古研究所开始对安徽盱眙县大云山汉墓进行抢救性发掘，发现了江都王刘非及其妻妾的墓葬群。在考古工作开展的同

图 2-29
王金潮检查铜器情况

图 2-30
2000 年在台北史语所交流青铜器修复

时，南京博物院获赠了一套散乱的金缕玉衣，玉衣送往文物修复室时成了一箩筐散乱的玉片。首先，王金潮根据以往修复玉衣的经验，将散乱的玉衣按不同部位大致分类，并且基本确定八组构件的整体轮廓和具体尺寸；然后，他将单个玉片与“玉片组”进行拼接，缺失部分按照其形状制作新的玉片，并对新玉片进行作旧处理；接着

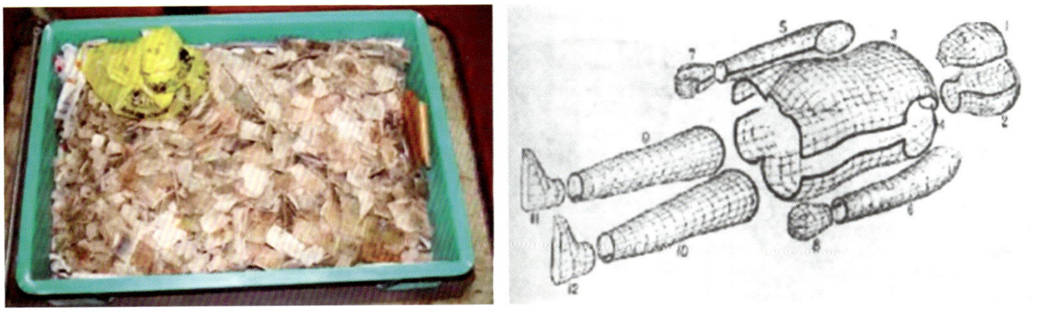

图 2-31
安徽盱眙县大云山汉墓金缕玉衣修复前

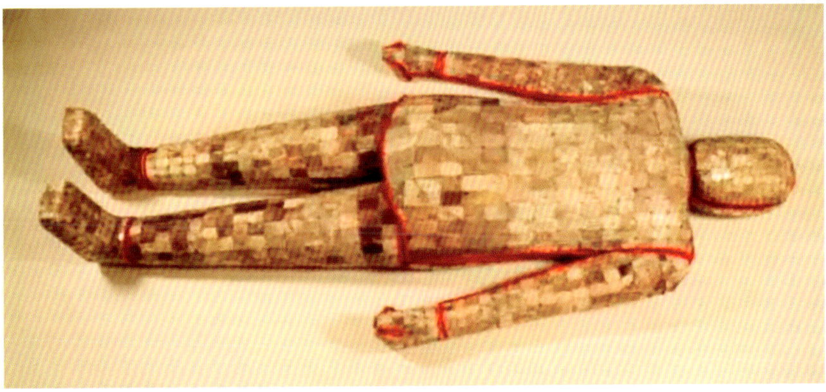

图 2-32
安徽盱眙县大云山汉墓金缕玉衣修复后

图 2-33
曾侯乙尊盘

图 2-34
范铸法试铸镂空纹饰

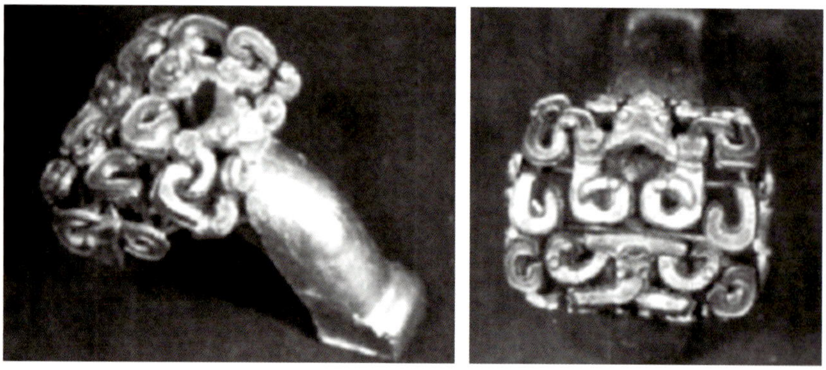

图 2-35
泥范法复原许公宁透空蟠虺纹青铜饰件

图 2-36
三维动画复原透空青铜器

按照科学检测后的成分配比制作金丝，用特制金丝穿缀玉片；最后，依照玉衣原型，等比例缩小 30% 左右制作支架。

王金潮是最早通过实验考古提出“曾侯乙尊盘采用泥范法铸造”的学者，他时刻关注着中国青铜器泥范法和失蜡法铸造工艺的学术讨论。通过泥范铸造实验成果，他铸造出了作为失蜡法铸造典型的许公宁透空蟠虺纹青铜饰件。为了使泥范铸造法能被更多人了解，他用多年的积蓄开始了泥范铸造曾侯乙镂空蟠螭纹口沿三维动画的制作，实现了古老工艺与现代科技的相互融合。曾侯乙镂空蟠螭纹口沿三维动画的成功制作给了他继续研究下去的信心，之后又相继完成了许公宁透空饰件与陈璋壶的泥范复原和三维动画制作，并将这些实验考古的成果撰写成文——《实验考古——中国青铜时代透空青铜器泥范铸造工艺求实》。

即将步入古稀之年的王金潮，已经和青铜器一起相处了 50 多年，他修过许多青铜器，做过许多研究，却仍然热爱青铜器。往后的日子，他想理一理青铜器工艺的发展演变，写一写青铜器的前世今生，带一带那些同样热爱青铜器的年轻人在青铜世界里遨游。

阳和次第发，桃李更芳菲

王金潮在不断提高自身修复水平、研究中国青铜器工艺发展史的同时，也非常注重对后辈的培养。多年来，他手把手地带徒弟们对青铜器进行观察、清洗、除锈、加固、整形、补全、缓蚀、封护、研究，耐心地将徒弟培养成青铜器修复的好手，一如当年他的师父带着他一点点找到青铜器修复的门路。

为将优秀的传统技艺和宝贵的经验、技能更好地延续和传承下去，自 2018 年开始，南京博物院组织牵头“传帮带，师传徒”工作，传统技艺与技能传帮带拜师仪式在南京博物院隆重举行，鞠躬敬茶、呈拜师帖、师傅回帖等一系列流程显示出了“尊师重道”的优良传统。文物修复队伍的扩大，夯实了文物保护科技研究院专业技术人员储备，着重培养了一批青铜修复业务骨干人才。“传帮带”师承制度的完善，使苏派传统青铜修复技艺免受濒临失传的危险，是保护非物质文化遗存的一项源头活水。

青铜的故事，在历史的长河中奔流不息，苏派第四代传人——潘

图 2-37
苏派青铜修复拜师仪式

图 2-38
2018 年南京博物院举行传统技艺与技能传帮带拜师仪式

图 2-39
南京博物院传帮带活动第一批全体师徒合影

炼，自 2004 年来到南京博物院技术部工作，从第一次接触青铜器文物的修复到现在，已经整整 14 年了。十余年如一日地从事金属文物保护修复工作，潘炼先后主持或参与了郑州、烟台、江阴、扬州、镇江、无锡等多地博物馆的青铜文物保护修复项目，逐渐成为南京博物院文物保护科技研究所青铜器文物修复的骨干人员。饱含对文物的虔诚与敬畏之情，他在青铜器保护与修复方面有许多深入独到的研究。

按文物修复行规，通常情况下器物缺失了三分之一以上的，可以不对其进行修复。不过，在对铜器保存情况、原料、造型、工艺、纹饰等方面进行仔细分析后，根据器物自身的痕迹并与考古出土发现的同类匜鼎进行类型学对比分析，潘炼基本可以判断出器形和鼎耳、鼎足等部位的形制规格。

治病救人是医生的职责，使文物枯骨生肉也是文物医生们的使命。医生救人小到门诊、大到手术，关系到人们的生命，不敢有一丝疏忽大意；文物医生同样如此，即使面对生命垂危的“病人”，只要尚存一丝希望，也要尽力挽救它的生命。在潘炼的不懈努力下，若干件历史悠久、价值丰富的国之重器重现往日生机。他明白，修复后的青铜器不但可陈列展览服务于大众，更能为我国青铜文化提供科学的研究价值。除此以外，他还发明了文物修复专用固定机械手臂和文物矫形仪，解决了我国文物保护工作中人为操作文物的安全问题，为我国文物保护事业注入了新的活力。

潘炼在一次访谈中，对考古发掘青铜器的保护与修复进行了概述：先拍照，记录原状，然后清洗。清洗过后，对青铜器文物表面的锈蚀要进行大致的处理，以便于看清器物上面是否有铭文或花纹，以及整体工艺。目前苏派主要使用浸泡的方式，再辅以物理方法进一步处理。多年前，青铜器修复师们用普通的清水清洗青铜器，但清水中的氯离子会逐渐加深青铜器的锈蚀。现在为了更好地保护文物，清洗都使用去离子水或纯净水、蒸馏水。更科学的方法可以使用酒精，酒精能代替水起到浸泡的作用。接下来是对青铜器文物进行整形，长期埋藏在地底下的青铜器会因地壳运动受挤压而变形，修复师要把变形的部位调整为器物原来的形状。整形后要根据器物的实际情况，或用铜皮，或用锡块，或用环氧树脂胶等来进行补配。补配过的地方难免有高低的差异，修复师需要通过打磨尽量消除补配过高的痕迹。打磨后则要进行纹饰的雕刻，有花纹的地方需要刻画成原来的样子。最后一步便是作色，作色要用纯天然的虫胶，即从虫子身上提炼的油，兑酒精稀释后调矿物颜料或丙烯颜料进行着色。虫胶是很传统的工艺，古代就一直在使用（古代还会用桃胶、动物胶、骨胶等），同样是为了将矿物颜料在青铜器表面形成一层膜，既恢复了古朴、自然之感，又对文物本体进行了保护。现代着色的方法多种多样，也可以使用家具上喷的清漆，不过清漆味道大、含苯，长期接触这些化学试剂会

图 2-40
潘炼在展厅查看青铜灯修复情况

拜师帖

师道大矣哉
从师而求传道受业 精诚之至
经南京博物院认定
今有 潘炼 愿拜于
王金潮 老师门下为徒
自此吾将
尊师重道 体悟师训
锲而不舍 勉学求真
传承弘扬传统技艺与技能
谨立此字 以昭笃诚
弟子 潘炼 拜呈
南京博物院
二〇一八年三月十日

回徒帖

为传承吾之技艺
助力南博之发展
经南京博物院认定
本人愿收 潘炼 为徒
我既为师 必善待弟子
尽心以授 望弟子
恪守道德 矢力同心
刻苦勤学 长续传承
淳淳此嘱 切记切记
师傅 王金潮 示
南京博物院
二〇一八年三月十日

图 2-41
拜师贴与回徒帖

对人体产生一定的危害，可见文物保护的科学方法还在不断更新、改良中。

十几年的修复与研究工作中，潘炼接触了成千上万件珍贵的文物，从战国兽首鼎、战国五山镜、春秋青铜簋、博山炉到汉代摇钱树，每年都要修复大大小小五六十件青铜器。他深知对待不同文物的情况需要采取不同的方法：在兽首鼎的修复中，他使用石膏翻模的方法复原器物的器型与纹饰；在五山镜的修复中，他使用传统的白蜡进行封护，以确保器物不受潮、不生锈；在摇钱树的修复中，他选择 EVA-1 作为加固连接材料并设计制作了摇钱树保护罩及辅助固定装置，解决了摇钱树安装时的重力分配问题，以及文物搬运和保存时的固定问题；在三尊铜鎏金佛造像的修复中，根据佛造像本身有些烟熏火燎的痕迹，判断出这三尊佛像应该是一直供奉在佛堂里面的，为了修旧如旧，他没有把整个佛像都清洗干净，只是在部分位置修复出原本的铜鎏金工艺，让参观者可以直观感受到器物的本来面貌，更多地保留了文物的历史痕迹。

图 2-42
潘炼在修复青铜佛像

于潘炼而言，修复工作一是保证了文物的原貌，二是恢复了文物的原貌。要想不断地提升自身修复水平，就必须不断地认真学习掌握文物保护的知识，努力学习继承传统文物修复技术和各类相关行业的专业技术，积极探索现代高科技手段用于文物保护修复的方法。通过修复，他力求让每件残损青铜文物的历史、艺术和科技等方面的价值得以更全面的展示，也让我国古代先民们留下的珍贵文化遗产得到更有效的保护。

苏派第四代传人——王玮，不仅参与了淮阴高庄战国墓青铜器修复、江都大桥镇南朝窖藏等青铜器修复和镂空铜器铸作工艺研究，还著书立说。其编写的《中古美术——南北朝至唐青铜容器综论》以工艺技术为主线，对南北朝至唐代青铜容器的铸造工艺、金属成分和金相分析进行了系统性的研究，这对认识南北朝至唐代青铜器的整体发展具有重要的参考价值。他在检测分析和科学评估器物保存状态的基础上，通过脱盐清理、去除有害锈、整形、焊接和粘接、补配、加固、作色作旧、封护等一系列的工序，使破损或腐蚀的青铜器得到了妥善的保护。

图 2-43
王金潮指导徒弟王玮修复文物

苏派青铜器修复技艺另一分支在安徽博物院的发展同样声势浩大，流传至今已有第五代传人，修复青铜文物一万多件，其中不乏楚大鼎、龙虎纹鼓座等国之重器。第三代传人金润生之子金学刚，14岁那年跟随父亲来到合肥学习并参与青铜器修复工作，半个多世纪的伏案工作使国家数千件破碎文物恢复原貌。1985年荣获文化部颁发的“铜奔马”奖后，他又承担了国家文物局委托安徽省博物馆举办的三期全国青铜器修复技术培训班的任务，为全国27个省市博物馆培养了40多名青铜器修复技术人员。

苏派第四代传人——靳鹏、曹心阳，在继承传统修复技艺的基础上不断探索、改进传统工艺，创新性地引入现代科技保护手段和方法，使传统和科技相结合，更加适应文物保护事业的发展。苏派不仅在焊接、作色、补配、除锈等方面有独到之处，各代传承人还能兼容并蓄，不断尝试新的方法和材料对原有工艺进行革新。例如，焊接过程中不用松香，而用传统的焊药水；矫形技术中加入了加温矫形法；补配技术中用石膏翻模或失蜡法铸出补配件。

安徽博物院苏派青铜修复技艺传承人们在古代青铜器的保护与修复领域先后发表了《一面汉代博局镜的保护修复》《周代铜罍的修复保护》《唐代花鸟镜的保护修复》《青铜甗的保护修复》《西周鸟形钮三足盉的修复》《窃曲纹鼎的修复与分析研究》《铅同位素比值法研究辽宁东大杖子战国墓地出土铜器的矿料来源》等论文，分析保护

图 2-44
王美诗与王金潮

图 2-45
安徽博物院金学刚在修复铜器

修复中的文物病害和技术难题并制定技术路线，为了解文物保存状况及各地区的青铜器铸造工艺提供了有力的参考。

为提升皖北地区博物馆修复人员专业素质，大力开展文物修复工作，安徽博物院文物科技保护中心淮北工作站于 2016 年 12 月举行了隆重的揭牌仪式。它是设立在淮北市的专业金属文物保护修复机构，它的建立对于促进安徽省文物保护工作的全面进步具有重要的意义。依托文保中心的专业场所与设备，修复专家们承接了多项馆藏文物的修复保护工作，如蚌埠市博物馆藏汉代博局镜、滁州市文物管理所藏周代铜罍与东周时期青铜甗、绍兴市文化发展中心馆藏唐代花鸟纹镜、芜湖市无为县文物管理所藏西周鸟形钮三足盉……这些文物移交到安徽博物院文物科技保护中心时，都未经任何修复保护处理，仍保留着出土时严重变形、残缺、裂隙等本体病害。苏派青铜修复技艺传人利用现代科技方法对它们的成分和金相组织进行了研究，并对锈蚀产物进行了分析，探讨了其腐蚀机理，然后采用传统工艺进行拼对、整形、焊接、补配、作色、封护，充分还原其历史、艺术、科学价值。

2018 年 7 月 24 日，安徽博物院文物科技保护中心靳鹏获得了“全国文物系统先进工作者”称号。在 30 多年的文物修复工作中，他完成了几十项省内外修复项目，修复保护文物近万件，为文物保护事业做出了卓越贡献。

图 2-46
安徽博物院苏派传人——靳鹏

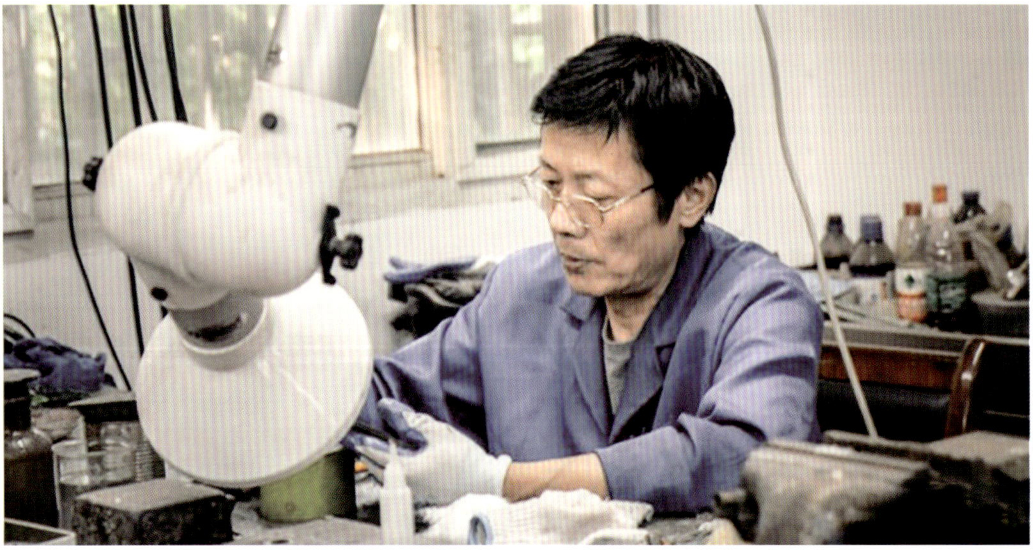

修复文物是穿越古今与千百年前的历史进行对话的特殊生命体验，修复者通过“格物”来“致知”：他们用自身来观物，又以物来观自身。两个时空的对话通过文物贯穿古今，身处当今而回首历史的沧桑，会更能体悟文化的底蕴和历史的根脉。

图 2-47
安徽博物院苏派传人修复的龙虎鼓座

图 2-48
安徽博物院苏派传人修复的龙虎尊

图 2-49
安徽博物院苏派传人修复的蔡侯墓莲瓣铜壶

第三章 苏派青铜文物保护修复技术

一

传统工艺特征

中国是文化遗产极为丰富的文明古国，青铜器是祖先留给我们的宝贵财富。经过数代人的继承和发展，“苏州派”形成了一套具有自己特色的传统工艺技术，主要包括錾刻、矫形、焊接、作色、作旧、去锈、补配和缓蚀封护。2009 年 7 月，由苏州工艺美术职业技术学院承担、王汉卿负责的《苏州传统失蜡铸造工艺的挖掘与传承研究》作为文化部科技创新重点项目，聘请专家、学者创建了古法铸造研究工作室。他们以周氏作坊的遗存模版为基础，不断挖掘“苏州派”核心技术。2016 年 10 月 22—25 日，“青铜器修复与仿古技艺的传承与发展”研讨会在南京博物院召开，他们复原了“苏州派”传统失蜡铸造工艺：选样定稿→刻版制模→塑造内范→贴蜡制模→制作外范→烘焙浇注→表面修整→装饰着色→配套设计等 9 道关键工艺流程和相关的古法器具。

图 3-1
苏州传统仿古铜器失蜡铸造工艺

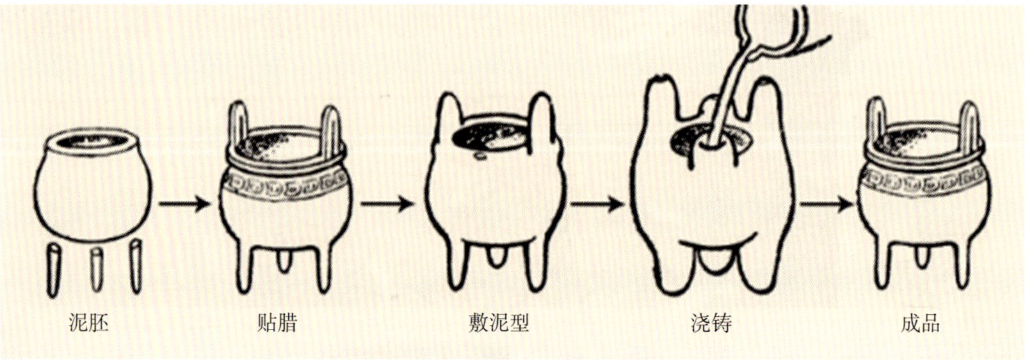

錾刻工艺

古代青铜器上多装饰有纹饰和铭文，在修复过程中就需要雕刻、錾花，或用硅橡胶、石膏翻模复制，选取补配部位附近的完整纹饰进行复制，尽量做到纹饰流畅、衔接自然。这项工艺需要修复师有一定的美术功底，要熟悉所摹绘的花纹。首先，在补配打磨好的部位绘制纹饰草稿，一般用墨线绘制。然后，按稿样进行初步雕刻，粗线条地纹雕刻完后，再用细錾刀錾刻局部细纹。复刻完成后要不断修整刻纹，确保补配花纹和原器物花纹整体保持一致、衔接自然。

图 3-2
雕刻铜镜缺失纹饰

图 3-3
雕刻鼎足兽面纹缺失部分

图 3-4
线刻战国大铜盘缺失纹饰

图 3-5
雕刻商早期斝缺失的兽面纹

矫形工艺

由于人为或自然的影响，出土的青铜器或多或少都有程度不一的变形。我们需要根据铜器的延展性、弹性、耐热性及腐蚀程度，选择适合的整形方法使变形部位恢复原状，常见的有模压法、施压法、捶打法[1]、顶撑法和锯解法等。

模压法：比较适用于质地好、铜胎薄、韧性强、腐蚀轻的铜器。一般用锡制成内外模具，合为一套。把变形的铜片按照合适弧度置于模具之间，与模具形状相对，再将模具夹在大台钳口内或液压机上施压，注意动作要小心、缓慢，切勿矫枉过正对铜器造成二次伤害。施加压力需要一定的时间，使器物缓慢恢复。每次对器物施压后都应检查所恢复的变形部位是否正确，受力方向和压力强度是否符合规范。再次加压时需时紧时松，直至铜器变形部位恢复原形。模压后会稍有变形，可用锤打法解决。2018 年，苏派青铜修复传人潘炼发明的青铜修复整形仪获得了新型实用发明专利。

捶打法：一般适用于硬度较强、韧性良好、腐蚀轻、变形程度低

图 3-6
青铜修复整形仪

图 3-7
捶打法整形

图 3-8
锤打法

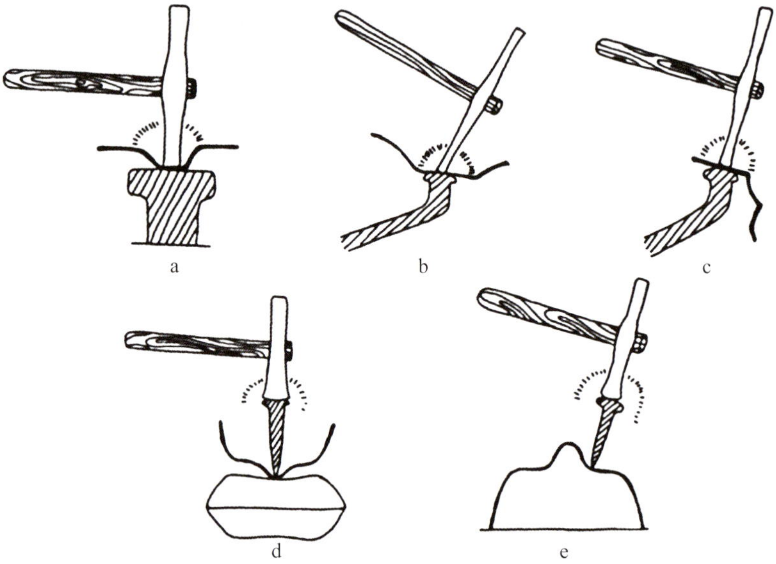

1 莫鹏：中国青铜器修复技术漂流刍议，中国博物馆，1998 年第 3 期。

的器物，是最简单易行的方法。通过控制敲击青铜器的力度，使变形的凹凸面逐渐收缩或扩张，从而恢复其原始形态。

施压法：适用于铜质好、变形轻微、锈蚀轻的敞口铜器。与上述模压法、捶打法的原理一致，施压法也是通过对铜器施加压力来改变其外部形态。不同的是，施压法相比捶打法耗时更久，通常借助绳子、钢签等工具来固定器物口沿形状。

顶撑法：适用于铜质较好、锈蚀较轻、体量厚重的敞口青铜器。具体操作为用长木棍顶在器物内壁并通过敲击木棍施加压力，将变形的部位撑开。

锯解法：多适用于铜质较差、弹性较差、锈蚀严重、变形严重的器物。对于一些整体矿化、铜质较差、腐蚀严重的青铜器，可采用锯

图 3-9
施压法矫形

图 3-10
施压法矫形（局部）

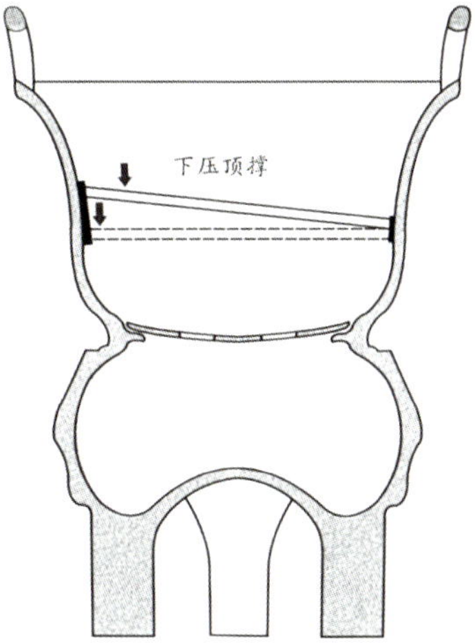

图 3-11
顶撑法图解

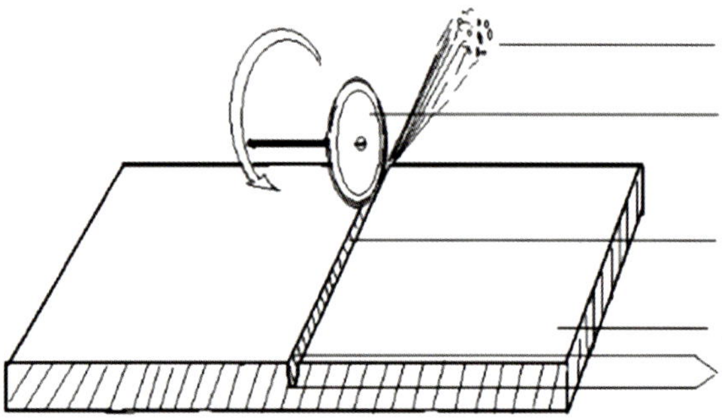

图 3-12
金属切割工艺学术语示意图

图 3-13
锯解法

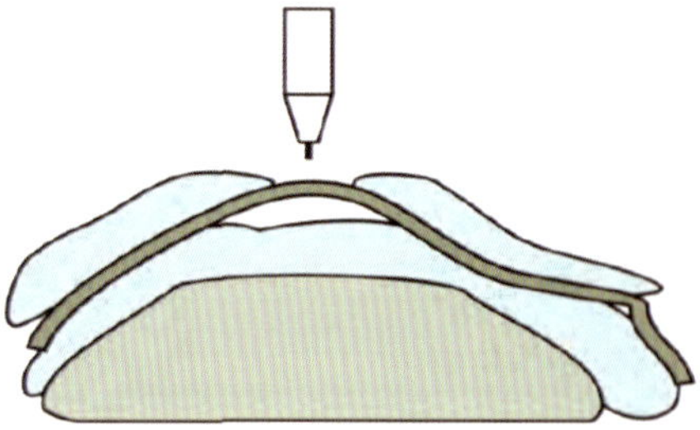

图 3-14
瞬间加温装置示意图

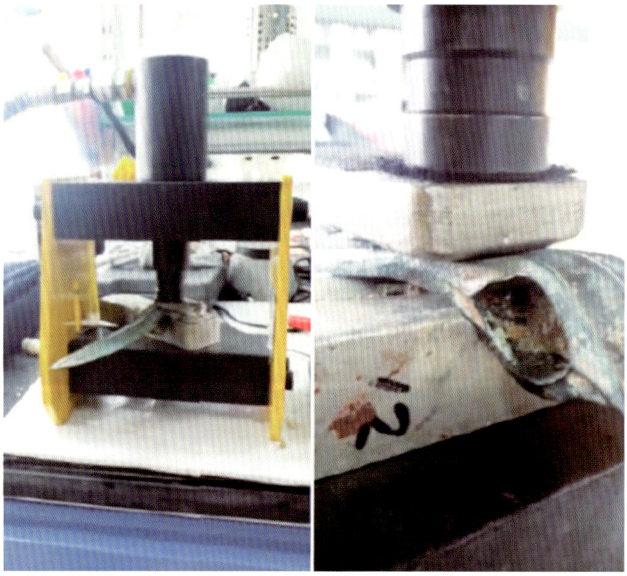

图 3-15
高温矫形法

解分割拼接法。先将青铜器分锯成若干块，各自稍加矫形后再焊接成一件完整器物。但是，这种方法会破坏青铜器器形与表面纹饰的完整性，应该作为矫形修复的备选方法。

高温矫形法[1]：多适用于铜质较好、延展性高、腐蚀轻的器物。通过加温可使金属韧性有所提高，这样就有利于矫正变形的青铜器。根

1 莫鹏：中国青铜器修复技术漂流刍议，中国博物馆，1998 年第 3 期。

据矫形程度逐步调整施加的压力，直至矫形完毕。如果青铜器表面温度过高，会造成表面氧化变色及锈层破坏，必须同时检测并控制温度和过火区域。

焊接工艺

将铜器碎片按大小、花纹归类，排列整齐。拼接铜器碎片时，先选择尺寸较大的碎块进行拼接，再将小一点的碎块往大块上拼接。碎片数量较多时，为了避免混淆可将残片进行编号，保证拼接的严丝合缝和井然有序。铜器残片或裁剪好的补配铜片与原器物之间可以用无破坏性的黏性适中的纸胶带暂时固定碎片位置与连接关系，方便后续焊接与补配。

图 3-16
春秋时期三足鼎盖破碎拼对

图 3-17
春秋时期三足鼎盖拼对焊接后

根据焊料的性质分类，可分为锡焊、氩弧焊和激光焊等。传统的焊接一般采用锡焊法[1]，它的优点是操作性强、可逆性强，可以随时调整。

为了解决金属文物在加热焊接过程中，大件器物会产生晃动从而导致偏差的问题，苏派青铜修复传人付出了诸多努力。例如，第四代传人潘炼发明了机械固定手臂，不仅能提高文物拼对与焊接的准确率，还能提高铜器修复的工作效率。在机械手臂上竖直方向设置直线导轨，每个机械手臂设置 3 个以上关节，使其可以 180° 或 360° 转动。它的灵活性在于可选择不同金属或硅胶质地的抓手，保障文物安全，同时操作灵敏、方便，有效解决了铜器修复过程中器物体积、重量过

图 3-18
春秋时期三足鼎鼎身拼对焊接

图 3-19
经过锡焊的铜刁斗

1 汪苏、李晓辉、白小梅等：中国古代青铜器中焊接技术研究，第五届中日机械技术史及机械设计国际学术会议，2005 年 11 月。

大不便固定的问题。

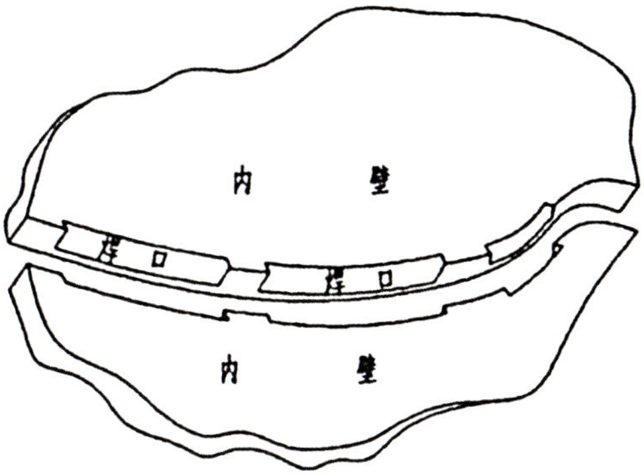

图 3-20
焊口示意图

在器物内壁的断茬口取一处，用小型锉刀锉掉表面锈层，要求露出新铜质，对接起来形成焊口。如果铜器本体矿化不严重，便可利用锡这种低熔点的金属焊料来连接本体与补配金属件。将需要拼接的两部分各锉成20°~30° 的 V 字形坡口，俗称“燕尾槽”。锉铜厚度为整个铜器厚度的三分之二，锉或打磨时沿着一个方向，以免损伤外壁纹饰。用无菌脱脂棉或小毛笔蘸上稀释过的盐酸溶液，缓慢擦拭壁沿焊接处，保证锡焊的强度。

焊接最重要的工具就是烙铁，随着修复理念的更新与技术的进步，电烙铁逐渐取代了火烙铁，广泛地应用于文物修复中。锡焊的技术关键在于熟练掌握焊接工具的使用，即焊、烫、拉、挂等手法，而这些技法都集中体现在烙铁尖上，因此烙铁尖在每次使用之前都要磨平，确保没有杂质，以免破坏器物的金属性。

在锡料上滴一滴助焊剂，小锡块用烙铁加热融化后填充至连接处间隙。残片边缘接口长度较长时，可以先进行两点固定，再将高温熔化的锡填充于需要拼合且锉过的接口处，确保焊接的牢固程度。只需经过 2~3 s，锡便能完全固化。随后将焊口处打磨平整，可以使用雕刻刀或锉刀把多出表面的锡磨平。焊接完毕后，需要对器物和补配的铜皮涂抹酒精（酒精是一种易燃、易挥发的无色液体，与酸中和又不

图 3-21
常用焊接工具电烙铁

图 3-22
铜镜焊接操作

会对铜质器物造成腐蚀)。

如果器物锈蚀严重，无法进行铜焊或锡焊，可以使用树脂或铜胶粘接。调和环氧树脂与锡铅合金粉末涂敷于纹饰的残缺部分，利用树脂的黏性将破损或补配部位粘接起来。

图 3-23
铜镜粘接操作

图 3-24
修复米字格博山炉运用的焊接与粘接

作色与作旧工艺

作色技术可分为两大类，即作假地子（皮色）和作假锈。

作假地子（皮色）：皮色开始是用大漆加矿物色调出来的，后来借鉴了维修古家具时“榆木擦漆”的工艺，用酒精浸泡虫胶片至溶化，再调入矿物色。去锈后在铜器上作皮色，包括水银沁、西瓜绿、枣皮红、生坑、熟坑等古青铜的颜色。

此外，传统皮色的另一做法是以木炭加水，将青铜器放入浸泡一段时间；也可以在酸梅液中浸泡十余天后，再用硇砂、梅花醋、铜粒配成的溶液浸泡青铜器，处理完后一般发绿色，而铅锡合金、巴氏合金则发黑色。建议一次配好大量的硇砂、梅花醋、铜粒溶液，然后按需取用。一般该溶液放置的时间越长，使用时做出的效果就越好。

作假锈：用酸醋、冰酸醋、盐硇砂、盐酸等化学药品作腐蚀反应，加工红绿等色锈斑，再久埋地下“闷锈”，以获取有深有浅的效果。用此法作成的锈坚硬、自然，手抠不动，但会有露铜之处，也可能有的地方锈长得不理想，需要再手工作色。

传统上“苏州派”没有吹锈法和弹锈法[1]，是用酒精泡漆片调矿物颜色作锈，以毛笔或排笔拉出层次，锈色自然逼真，但不牢固，指甲就能抠动，日久受潮会脱落。至今“苏州派”仍极少使用弹拨法上色，但由于技术的交流，现在也有用吹锈、弹锈法作色。

作色与作旧常使用的工具有毛笔、油画笔、化妆刷、牙刷、镊子、牙签、棉签、砂纸、细绒布、调色板、酒精、虫胶漆片及各色颜料。

酒精浸泡虫胶漆片[2]，使之溶解成为一种黏合剂，再根据铜器本身的颜色加入各色矿物颜料粉末使用。其中，白色、棕色、黑色和绿色是最基础的几种底色。矿物颜料粉末便于均匀调色，每种颜色都有各自对应的矿物原料。例如，青色对应青金石、蓝铜矿，红色对应赤铁矿，白色对应白垩、云母，黄色对应雌黄，绿色对应孔雀石，黑色对

1 许峰英：苏州仿古铜器的仿制技术，文物保护技术（第六辑），1991 年。
2 尹继才：颜料矿物，中国地质，2000 年。

图 3-25
作旧颜料

应石墨等。因其致色原理不同，使用起来也相对有所区别。

白色的矿物颜料有白垩、铅粉、蛤粉、钛白粉等，修复过程中主要使用钛白粉。在作色中属于基础的底色，如同化妆一般，多用于对器物进行打底。黑色的矿物颜料有黑石脂、墨、煤烟、漆、炭黑等，多用于调节整体颜色的亮度，也是普遍使用的底色。红色颜料主要有朱砂、朱标、银朱和赭石，用于模仿铜器上的氧化亚铜。黄色的矿物颜料有石黄、雄黄、雌黄、土黄等，多调和使用，增强颜色亮度。绿色的矿物颜料主要有石绿、铜绿、洋绿、品绿、石青、天青、花青和群青，多用于模仿锈色和皮壳颜色。金银粉也经常会被用来打造器物的金属光泽。一般来说，因铜矿原料和埋藏因素等差异，铜器表面锈蚀的形成是非常复杂的过程，其颜色并不单一，即使是同一绿色也存在不同程度的深浅差异。因此，需要根据色调进行调色，因物制宜地准备颜料。修复人员必须具备一定的艺术功底，并且不能有色弱、色盲的情况。

准备就绪后，用毛笔蘸取虫胶酒精和色粉的混合液涂抹于补配部分。由于干湿状态下的混合溶液存在差异，所以在调和颜色时要力求做到准确，接近器物原本颜色。需要模仿达到一定厚度或层次分明的锈蚀时，可以做出细小颗粒状物体，采取笔刷点、拨、弹、蘸等方式，使做出

图 3-26
使用矿物颜料调虫胶着色

图 3-27
青铜器仿制作旧操作

图 3-28
战国四山镜作旧前

图 3-29
战国四山镜作旧后

来的假铜锈更加自然地依附于器物表面。

去锈工艺

主要使用小型的精细机械工具，通过细心的挑、剔、削、领、雷、刮、磨等操作，手工除去锈垢、锈蚀。

传统工艺用天然的山楂或乌梅作为主要原料，制成糊状物或溶液，覆盖在锈蚀处或浸泡除锈。20 世纪 30 年代，有用硝酸、盐酸、磷酸甚至硫酸的稀溶液去除青铜器上的腐蚀物，也有用梅花醋、食醋浸泡青铜器的方法，还曾使用过乙酸，如今早已被淘汰。去锈后一般没有后处理，不擦蜡和刷蜡防止进一步锈蚀。

清理铜器表面的灰尘和污垢，要以不伤害文物为基本原则。清除表面硬结物，保持器表洁净。这么做一是避免有害物质对文物造成进一步破坏，延缓其腐蚀速率；二是保证其后的一系列修复操作顺利开展，因为只有碎片岔口清洁、器物纹饰较清晰，才能保证器物拼接或上色的准确性；三是维持器物外观的整洁，彰显它的时代信息与历史价值。

铜器的腐蚀产物[1]可以分为有害锈和无害锈两种，常见的腐蚀产物见下图。有害锈也被称为粉状锈，主要成分为氯化亚铜、碱式氯化铜和碳酸铅等。青铜器在空气、水分和氯化物作用下循环腐蚀，在这个不断腐蚀循环的过程中，青铜器本身逐步粉化。无害锈有氧化铜、氧化亚铜等，质地较为紧密，性质稳定。它是化学腐蚀中形成的矿化物，对铜器本身没有危害，反而能起到保护和隔绝空气的作用。

通过分析出土文物的本体信息与埋藏环境，了解铜器上锈层的腐蚀状况与形成因素，从而确定整体保护修复方案和技术处理原则。青铜器的皮壳或无害锈可以选择性地清除或保留，而具有危害性的粉状锈应予以全部清除。

考古发掘出土的铜器表面多有致密程度不一的氧化物和浮土等，

图 3-30
常见的锈蚀物

名称	化学符号	相应矿物名	颜色
氧化铜	CuO	黑铜矿	黑色
氧化亚铜	Cu_2O	赤铜矿	红色
硫化铜	CuS	方蓝铜矿	靛蓝色
硫化亚铜	Cu_2S	辉铜矿	黑色
碱式碳酸铜	① $CuCO_3 \cdot Cu(OH)_2$	孔雀石、石绿	暗绿色
	② $2CuCO_3 \cdot Cu(OH)_2$	蓝铜矿、石青	蓝色
	③ $2CuCO_3 \cdot 3Cu(OH)_2$		蓝色
碱式氯化铜	① $CuCl_2 \cdot 3Cu(OH)_2$	氯铜矿	墨绿
	② $CuCl_2 \cdot Cu(OH)_2$	双氯铜矿	淡绿
硫酸铜	$CuSO_4 \cdot 5H_2O$	胆矾	蓝色
碱式硫酸铜	$CuSO_4 \cdot 3Cu(OH)_2$	水硫酸铜矿	绿色
氯化亚铜	$CuCl$	氯化亚铜矿	白色
氧化锡	SnO_2	锡石	白色
沉积铜	Cu		

1 魏书亚：化学原理与方法在文物保护中的应用，华夏考古，1995 年第 3 期。

因此首要工作便是用蒸馏水清洗表面，并置于 40 ℃烘烤箱内耗时约 1 小时进行烘干。然后，用竹签、木签和洁牙打磨仪等不伤害铜质的工具缓慢剔除顽固的硬结锈蚀，或用毛刷、棉球、棉签蘸上去离子水与无水乙醇的混合液，反复擦拭、清洗表面浮锈和浮垢。这样做的目的是使铜器表面锈蚀和土垢的质地变得疏松，便于下一步深入锈蚀组织。结构紧密难以去除的锈层可用物理和化学方法。常用的物理方法有超声波清洗法、金属工具去锈、激光去锈、喷砂机除锈等；化学方法可用的去锈化学试剂有六偏磷酸钠溶液、双氧水和倍半碳酸钠溶液等。一般来说，采取先物理后化学的方法，相互结合、取长补短。

超声波去锈法：利用超声波在液体中的空化、加速、直进流作用对液体和污物直接或间接作用，使得污物层被分散、乳化、剥离，从而达到清洗目的。超声波能对青铜器上的污垢实施周期性的强力冲击，让有害锈脱离青铜器表面，具有特别好的清洗效果。

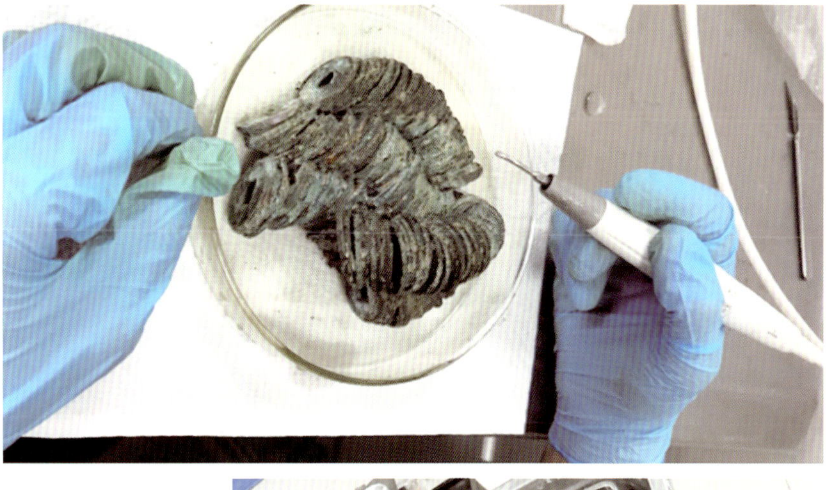

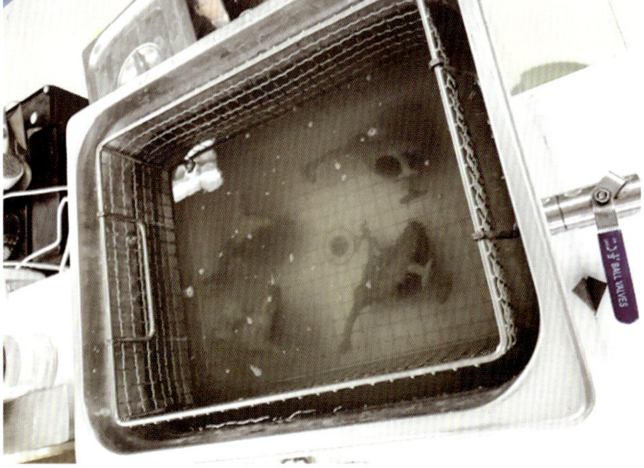

图 3-31
利用超声波洁牙机去除铜钱表面的锈蚀物

图 3-32
超声波清洗机

激光去锈法：激光能射出巨大的光能，利用激光束与物质相互作用过程中产生的光学效应，高效快速地去除青铜器表面的有害粉状锈。这种方法的优点是准确、方便、简单，还可以有效保护青铜器延长其寿命。不过，对于大面积的除锈，这种方法操作起来就稍显费时、费力了。

化学试剂除锈：以六偏磷酸钠溶液为例，将白色粉末结晶状态的

图 3-33
激光去锈机

图 3-34
使用激光去锈机除锈

六偏磷酸钠溶解于蒸馏水中，配制成浓度 5% 的溶液，再将锈蚀器物浸泡在溶液中，可去除青铜器表面的钙质沉积物，产生化学反应释放出气体，使表面坚硬的矿化物质地逐渐变得疏松，达到去锈的效果。

补配工艺

用适当厚度的铜皮裁剪成相应的形状，焊接时助焊剂会填充于缝隙中，因此补配的铜皮应比残缺部位稍微小一点。补配的原则是要有科学依据，通过分析文字、图片资料恢复器物结构的完整性，切不可天马行空臆想出不符合客观规律的形态。若补配面积稍大，需要用电钻均匀地在铜皮上穿孔，便于后续填充剂填补与打磨。

填充剂一般采用环氧树脂胶剂、原子灰、PSI 万能速补剂和石膏等。AAA 环氧树脂超能胶分为 A、B 两管，A 为胶体、B 为固化剂，

图 3-35
裁剪铜皮

图 3-36
环氧树脂填充

图 3-37
打磨平整后刻画缺失的纹饰

根据黏合剂的使用说明来调制胶的比例。操作过程中需要充分搅拌均匀，减少气泡的产生。

若用树脂（环氧树脂和聚酰胺树脂按照 1:1 的比例进行调和，再加入等量的滑石粉填料，在调配中可以加入适量的矿物颜料）或铜胶进行填补，待其完全固化后需打磨掉多余的部分。

环氧树脂胶具有一定的流动性，因此要在其固化过程中均匀涂胶、刮平、适度调整。整个固化时间在 6 h 左右，可用电吹风机进行适度加温，完全固化后强度很好，可以起到补缺和加固的作用。

使用砂纸、锉刀或打磨机对补缺部位打磨时，需保持修复部位与原器物的厚度一致，力求过渡自然、衔接流畅，摸起来没有凹凸不平的手感。

图 3-38
砂纸打磨

图 3-39
锉刀磨砺

缓蚀封护工艺

缓蚀是微量化学物质与腐蚀介质相接触产生化学或物化反应，阻止或减缓金属腐蚀率的过程。它是延缓青铜器进一步腐蚀的重要保护性措施，常见的缓蚀剂有 BTA、B72、AMT 等。苯骈三氮唑是铜的优良缓蚀剂，简称 BTA，呈白色结晶粉末状，能溶于酒精等有机溶剂。BTA 溶液能在器物表面形成一层透明覆盖膜，有效阻断各种腐蚀介质与铜体的接触。

修复后的青铜器需要进行封护处理，保持内部结构的稳定性。一般在青铜器表面涂刷一层封护剂，隔绝外部环境对其造成影响。用浓度 1.5%~2% 的乳胶黏合剂（Paraloid）B-72 醋酸乙酯溶液喷涂至通体均匀湿润后晾置干燥，或将蜂蜡和矿物油调和后溶于蒸馏水，使之加热融化成液体，再用刷子蘸取适量溶液均匀涂抹在器物表面，进行封护处理。

保护修复完成后，按照《馆藏金属文物保护修复档案记录规范》（WW/T0010-2008）填写保护修复档案。档案填写要做到详细、规范，主要内容包括拍摄器物现状照片、表面病害图、修复中的每一个步骤，以及所使用的修复材料和工艺等。

图 3-40
封护处理

二 常用修复工具

整形工具

高碳钢羊角锤、圆头锤、钳工锤

采用嵌入工艺，锤头和把柄连接紧密，不易脱落，安全系数高；优质精钢锻造，硬度高，高频热处理；锤头表面精抛处理，涂防锈油，美观大方，不易生锈；木柄符合人体力学设计，防滑耐用，操作省力，适合长期作业。

具体尺寸：羊角锤 1，全长 300 mm，锤头高 113 mm，锤面直径 25 mm，柄宽 30 mm，重 0.32 kg；羊角锤 2，全长 335 mm，锤头高 135 mm，锤面直径 30 mm，柄宽 35 mm，重 0.66 kg。圆头锤 1，全长 310 mm，锤头高 100 mm，锤面直径 30 mm，柄宽 30 mm，重 0.47 kg；圆头锤 2，全长 355 mm，锤头高 115 mm，锤面直径 32 mm，柄宽 35 mm，重 0.72 kg。钳工锤，全长 303 mm，锤头高 100 mm，锤面直径 20 mm，柄宽 30 mm，重 0.31 kg。

橡胶锤

材质为环保耐油橡胶，加热硫化，无有害物质，对人体健康不会造成损害；锤头手柄牢固连接，采用特殊工艺使其不松动、不脱落；硬度高达 80，专业用于工件安装；一体化结构设计，无掉头风险；锤头空心装有钢珠，锤击时产生向下重力，防止反弹；防滑手柄设计专业纹理，耐磨性好，弹性好，不损伤物件表面。

具体尺寸：橡胶锤 LJE13008，总长 300 mm，锤头长 77 mm，锤面直径 46 mm，重 0.3 kg。

安装锤

材质为聚氨酯、耐油橡胶、中段碳素钢，加热硫化，硬度高达 80；耐磨性好，有效保护被敲击物；锤头可更换，耐敲击，防油防滑；省力防滑手柄，减少反冲击力，降低操作疲劳。

具体尺寸：安装锤 LJE15030，总长 265 mm，锤头长 78 mm，锤面直径 27 mm，重 0.32 kg；安装锤 LJE15040，总长 310 mm，锤头长 94 mm，锤面直径 35 mm，重 0.62 kg。

德式多功能钢丝钳

钳体采用优质铬镍合金钢锻造，经过高温处理，刃口硬度高、韧性好，剪切力强；钳身与钳体为一体锻造而成，连接紧密、坚固耐用；偏心结构设计，使用更省力；适用于夹持、剪切（铜线、铝线、钢线、铁丝）、拧紧螺母等；钳口呈网状锯齿，夹持物体不易打滑；钳口带有剪线口设计，剪切锋利平整，使用轻松方便。

具体尺寸：产品型号 MNT-706301A，总长 168 mm，手柄长 118 mm，手柄宽 47 mm，钳头长 50 mm，钳头宽 23 mm，重 0.24 kg；产品型号 MNT-706302A，总长 190 mm，手柄长 138 mm，手柄宽 52 mm，钳头长 52 mm，钳头宽 24 mm，重 0.29 kg。

锡墩

也就是锡块。打造大型锡块表面弧度，使其适合于一般青铜器的整形。使用时将需要整形的部位垫在锡墩上，使其与锡接触，因锡较软，可起到保护青铜器本体的作用，再用敲击、锤击等方式缓慢地对被整形部位施压。

砧子

又称砧板。捶、砸或切东西的时候，用于垫在器物底下。在铜器整形中使用最多的还是木质砧子。

具体尺寸：小羊角砧，全长 130 mm，长方形面边长 82 mm，面边宽 46 mm，总高度 63 mm，底边长 75 mm，底边宽 50 mm，重 0.9 kg。

内外双环套整形仪

不锈钢材质，全方位调整文物形状，根据修复文物的大小可自由伸缩移动螺栓。使用时根据文物不同的变形程度，利用循序渐进的方式进行修复。操作时应对变形较大的部位适当采用风枪加热，以增加金属韧性。

具体尺寸：厚度 5mm，直径 46 cm，重 4.5 kg。

工业热风枪

电压 220 V，最大输入功率 2 000 W，净重 0.65 kg，毛重 0.8 kg；两档风力设置：低档空气流量 240 L/min，高档空气流量 450 L/min；有温度过载保护，采用美国杜邦耐高温材料 pa66 高温压制，一体成型，抗摔；表面有磨砂效果，使用不滑手；采用 3C 认证欧标三角插头、1.5 m 长的方电源线和优质加长保护线套，质量有保证，使用更安全放心；调温旋钮设计在手柄上，对应人体拇指关节，使用者可单手操作且倒放部位没有易损部件；采用双涡流式设计，出风集中、强劲，枪体两边设计独立可拆卸防尘网，定期清理尘埃可延长热风枪使用寿命。

图 3-41
常用整形工具

焊接工具

电烙铁

材质为 ABS、PA、TPR、铜、钢，重 0.493 kg，额定功率 30 W，额定电压 220~240 V，焊接最大直径 2 mm；组成配件为固定夹、焊台底座、焊铁架、焊锡丝、烙铁头、烙铁手柄和插头电源线；替换烙铁头有平型、微斜型、锥型、斜型、尖型等不同形状，尖型和锥型烙铁头适用于一般焊接和点焊，斜型、微斜型和平型适用于焊接面积较大的环境，可旋转替换；绝缘手柄隔热、耐高温、防滑、握持舒适；可替换式云母发热芯，方便自由更换；可调节固定夹，可夹持线路板，方便实用。使用时，将焊接架定位稍插入焊台底座中的插槽，顺时针转动将其固定到位，再将烙铁插入支架中，连接电源，加热烙铁3~5 min，加热时间取决于所需的工作温度。开始焊接前需要清洁零件，焊接头必须镀锡；当焊料与烙铁头熔合时，焊料开始熔化，达到正确的工作温度。

具体尺寸：尖头电烙铁1，额定功率80 W，温度区间480 ℃，预热时间约30 s，烙铁头平面长度6.5 mm，总长256 mm；尖头电烙铁2，额定功率100 W，温度区间500 ℃，预热时间约30 s，烙铁头平面长度7.5 mm，总长271 mm。扁头电烙铁：额定功率100 W，温度区间500 ℃，预热时间约30 s，烙铁头平面长度11.8 mm，总长270 mm。

多功能高温焊接枪 / 火枪

锌合金 + 塑料材质，高12.4 cm，宽10.3 cm，净重约0.22 kg；文火、猛火自由切换：拨动温度调节转换处至左侧为防风高强度猛火火焰，拨动至右侧为文火火焰；LOCK锁定火焰开关，点燃火焰后拨动次开关可将火焰锁定，解决一直按住按钮操作不便的问题；耐高温枪管，精密出火口，喷火均匀稳定；360°自由角度，可倒置喷火使用，多角度使用稳定蓝色火焰，性能更佳；适用于金属裂缝、铁环焊接、铜器附件焊接、不锈钢焊接，以及多种材质快速焊接，简单快捷；但由于达不到焊枪温度强度，不可使用本火枪配合磷铜焊条进行焊接作业。

鼓风机

吹吸两用工业鼓风机，风速2.8 m^3/min，额定输入频率为50/60 Hz，额定输入电压为18 V，负载电流11A ± 10%，净重1.4 kg；由吹风口、入

图 3-42
常用外热式电烙铁及焊料

风口、加大风页、锂电池、开关、把手和无级变速组成；采用进口锂电池，超强电芯，有效提高工作效率；铜芯电机，马力强劲，除尘、吸尘功能强大；具有强大吹吸力，可根据吹吸地点与物体，调整吹吸强弱，强力清扫；机身便携轻巧，可用单手操作；橡胶软皮吸管，可旋转拆卸清洗，安装简单；采用多孔散热设计，大面积快速散热，增加机器使用寿命。

补配材料

PSI 速成胶

美国 POLY-MERIC SYSTEMAS INC（PSI）公司的系列速成胶。PSI 系列胶[1]现有 8 个品种：速成钢、速成铜、速成铝、速成木、速成水泥、速成塑料、水中快速修补剂和万能快速修补剂。在文物修复中使用的主要是 3 种：速成铜、速成木和万能快速修补剂，基本上可用于绝大多数不同质地文物的修复。速成铜为紫铜色，主要用于修补铜器。速成木为白木色，质轻，固化后易于雕刻，可用于修补木、牙器及轻质文物。万能快速修补剂（无毒）为白石膏色，可加色修补金属、玉石、陶瓷等。PSI 速成胶均为直径 200 mm，重 0.114 kg（速成木重 0.055 kg）的胶棒。操作黏合时间 3~5 min，粘接拉伸强度 5.33~5.98 MPa（54.42~60 kg/cm^2），抗压强度 58.8~93.33 MPa（600~952 kg/cm^2），耐腐蚀介质有油脂、酒精、酮、烃、盐溶液、酸、碱，收缩率小于 1%。

使用方法：用刀切下所需用量，将胶体内芯及外皮两种颜色的材料用手快速、充分揉成一色（通常只需 1~2 min），便可用来做各种粘接和修补了。PSI 速成胶固化前是胶泥状，使用时不需要任何辅助工具，不滴落、不流淌，几分钟就能固化，可以像原本体材料一样进行切割、打磨、钻孔、锉光、喷漆和机械加工等。

合众牌 AAA 全透明超能胶

由 A 胶、B 胶、搅拌片等部分组成，含量 0.085 kg/ 组，保质期 2 年，宜保存于阴凉干燥处；共有 2 支 AB 胶水，一支是凝固胶，一

1 秦正龙：化学与金属类文物的保护，知识介绍，1995 年第 10 期。

支是稀释胶；固化速度快，胶体透明无色且富有弹性，粘接对象广泛；无毒、无味、无刺激性，使用方便、安全；防水、酸、碱、油，耐高、低温，持久耐用；适用于粘接金属、玻璃器皿、瓷器、水钻、大理石、玉器、钻石、晶体、宝石、橡胶、竹木家具、工艺品、有机玻璃、塑料制品（非极性塑料除外）等。

粘接强度：钢－钢 100~180 kg/cm^2，铝－铝 120 kg/cm^2，玻璃、瓷器、搪瓷、水泥制品粘物表面拉损仍不脱胶。

使用方法：将本品 A 组（树脂）1 份、B 组（固化剂）0.5~1 份（可根据需要进行调节）挤于玻璃或塑料器皿中充分调匀，随用随调（冬天粘接需要加温至 10 ℃以上为好）。然后，均匀涂胶、刮平、叠合加压、凝胶（常温 1 h），24 h 后可交付使用，若要加快固化速度，可适当加热，在 60 ℃时只需 15 min。

安特固 3-TON 速干环氧胶

持久耐用，可有力地粘接与填补各种金属、塑胶、橡胶、木材、瓷器、玻璃和混凝土，完全固化后具有防水、酸、碱、油、溶剂及化学品的卓越特性，并且不易燃、不收缩，固化后呈灰色，可进行填补、研磨和钻孔。

使用方法：从每管中挤出等量的树脂与硬化剂，均匀地混合调配在一起，直到呈现统一色调，混调后立刻使用。将黏胶涂在待修补与黏合的部位，去除多余黏胶。3~5 min 硬化，1~2 h 完全硬化，3~5 h 可达到最佳硬度，具有强度高、固化块的特点。

QUIKCOPPER 速成铜棒

由美国普施公司生产，如橡皮泥一样的双组分同芯胶棒，重 0.114 kg，固化迅速，粘接力优异。固化前为胶泥状，不滴落、不流淌，使用方便；固化后强度高、硬度好、不收缩、不锈蚀，可进行钻、锯、锉光、喷漆和机械加工。它是一种铜加强型修补剂，可对铜质材料的容器、管道和一些零件上出现的漏孔、裂纹、砂眼、缺陷、断裂、损坏等进行填充与粘接。

使用方法：先将要修补处周围的浮锈、尘土、油渍等附着物清理干净。取出塑料管中的胶体，切下所需用量，将胶体内芯与外皮两种不同颜色的材料用手充分揉成一色（1~2 min），直到均匀为止。将其在修补处用力压实、粘牢，尽量挤压到孔洞和裂缝之中。混合后的黏合剂会很快反应，3~5 min 后胶体开始微微发热固化，10~20 min 后便非常坚硬。

石膏

牙科石膏 2 型为纯白色，凝固之后质地坚硬，规格为 1 kg × 20 包 / 袋，主要由半水硫酸钙及必要的改性剂组成，以无菌繁殖形式提供。强度高、纹理清晰、精确度高，适用于所有印模材料，可应用于文物修复，尤以陶瓷器居多，有些通体矿化、铜质较差的青铜器也比较适用。

使用方法：按建议的比例准确称量粉体，将粉体倒入适量清水中，浸泡 30 s，再用手调和 60 s；如用真空搅拌机，先调湿粉体，再用机器调和 45 s。灌注模型过程中，可使用振荡器，使调和体充满整个模型，1 h 后即可脱模。

T–1 通用型瞬间强力黏合剂

北化 502 胶水（20g/ 瓶）是一种单组分具有多种优良性能的氰基丙烯酸酯黏合剂，属于 K-1 型抗冲击型强力胶，保质期 12 个月，具有单组分、固化速度快、粘接快、粘接力强、粘接材料广泛、强度高、抗冲击、抗老化、使用方便等特点。胶体为无色透明、流动性良好的液体，易挥发，遇水即聚合固化。适用于震动结构零件的快速粘接与固定，粘接完成后能够承受较大的冲击负荷。不用溶剂，无需加热，在室温下能瞬间固化，强度很高，可广泛用于粘接金属、橡胶、塑料、木材、陶瓷等。利用大气中的微量水气，可在极短时间内粘接。黏度较高，适合多孔及吸收性材质的粘接。不过，在用于聚乙烯（PE）、聚丙烯（PP）、聚四氟乙烯（PTEE）制品时，材料表面需要经过特殊处理。

使用方法：先清洁器物表面，除去接着面的灰尘、油污、锈等，粘接金属时最好先行磨粗，对 PE、PP 或 PTEE 等塑胶，应先使表面活化。然后，打开前盖，以手指轻扣尖端部分，不留残余液体，再用剪刀剪出小孔。在粘接面滴一小滴黏合剂，即刻进行粘接，直至硬化为止，粘接面积不宜太大，粘接层厚度不宜超过 0.2 mm。使用后擦拭容器，将盖子盖上，存放于阴凉干燥处或冷藏。避免与皮肤接触或进入眼睛，若遇意外，立即以大量清水洗涤并就医。清洗眼睛时，可使用稀碳酸氢钠溶液；清洗手时，可用肥皂、水、洗涤液和浮石洗净。

滑石粉

通常呈致密的块状、叶片状、放射状、纤维状集合体。无色透明或白色，但因含少量的杂质而呈现浅绿、浅黄、浅棕甚至浅红色。无臭，无味，溶于水，微溶于酸，有滑感，硬度 1，比重 2.7~2.8。滑石粉具有润滑性、抗粘性、助流性、耐火性、抗酸性、绝缘性、熔点高、化学性不活泼、遮盖力良好、柔软、光泽好、吸附力强等优良的理化特性。可作为造纸、油漆、涂料、塑料、橡胶、染料、陶瓷、医药、耐火材料和日用化工等产品中的填充料。

医用纸胶带

医用无纺布手撕纸胶带，规格为 1.25 cm × 9.1 m/ 卷或 2.5 cm × 9.1 m/ 卷，可提供粘贴力，以起到固定作用；纸质型材质，易截取，无纺布基才，易撕拉；用途广泛，使用方便，既可以用作敷料包扎固定，又可以使铜器碎片暂时得到安装与复原。使用时截取适当长度，将胶面对准粘接部位进行固定。储存于常温干燥、无腐蚀性气体和通风良好的场所，避免阳光直射。

图 3-43
各类补配粘接材料

打磨錾刻工具

雕刻刀

雕刻刀组套由刀和磨石组成，一般有长方形、圆形、三角形 3 种磨石，搭配使用可有效提高工作效率。刻刀分为大斜口、大平口、大半圆、中半圆、三角形、小半圆、月亮弯、针刀、尖头等几类。

日本进口 SK2 钢，硬度很高，具有不错的韧性，减少了崩刀的发生概率；采用两次精抛，刃口锋利，雕刻轻松；榉木手柄材质坚硬，质地均匀，纹理美观，色调柔和流畅；握持舒适，雕刻作业时能减少手部疲劳。

金刚石锉刀

镀钛或镀镍金刚石锉刀具有防锈效果，耐磨损、抗腐蚀、耐高温，表面光洁度较好；有方形、平头扁形、三角形、圆形、半圆形几种类型，广泛应用于玉石器、木雕、陶瓷器、金属器的打磨。锉刀本体为 45 号钢锻造，硬度高，耐磨，不易变形；经过高温淬火处理，锉刀韧性硬度高，砂粒细密，纹理清晰；金刚石颗粒均匀地分布在锉面上，锉削效果圆润光滑。使用锉刀的过程中，经常用铜丝刷或钢丝刷沿锉齿纹的走向刷去嵌入齿槽内的铁屑，使用完后要仔细刷去全部铁屑后再存放。

具体尺寸：镀钛 10PCS 金刚石锉刀 1，总长 140 mm，杆直径 3 mm，工作面长 50 mm，塑柄直径 4.5 mm，总重 0.08 kg；镀钛 10PCS 金刚石锉刀 2，总长 180 mm，杆直径 5 mm，工作面长 70 mm，塑柄直径 6.5 mm，总重 0.24 kg。镀镍 10PCS 金刚石锉刀 1，总长 140 mm，杆直径 3 mm，工作面长 50 mm，塑柄直径 4.5 mm，总重 0.08 kg；镀镍 10PCS 金刚石锉刀 2，总长度 180 mm，杆直径 5 mm，工作面长 70 mm，塑柄直径 6.5 mm，总重 0.24 kg。

砂纸

碳化硅防水纸俗称“软皮纸”，适用于打磨各种物质，包括珠宝首饰、金漆玉器、印石砚台、金属（铜、铁、铝、不锈钢及各种金属铸件）、塑料、精密仪器、实木木材、软木、漆面等。

纸张尺寸：230 mm × 280 mm，即 A4 纸大小；粒度和型号：220-7000 目型号为 991A，80 目和 180 目为 991C，60 目为 971C。其中，60~180 目是粗磨，220~400 目是粗－细磨，600~1 500 目是细磨，2 000~7 000 目为抛光用，要达到镜面效果，需要 5 000 目和 7 000 目。砂纸背面都有标明型号和粗细，数字越大，目数越细。其中，金相砂纸是细粒度砂纸的一个品种，是一种精密抛磨工具，不适合蘸水使用。

角磨机

无刷锂电多功能角磨机，空载转速 12 000 r/min，最大砂轮直径 100 mm，电机规格 30 cm，打磨力度 70 M，切割力度 83JE，机器净重 2.15 kg。可用于金属或木材的抛光、切割、打磨、除锈等工序。选用加长大功率电机，耐高温全铜线，抗过载，防烧机，多轴承联动，高强度冲击齿，大功率强劲动力。开机前要确保开关在开的位置，手要紧握机身，防止开机瞬间脱手。当机器停止时，风扇停止散热，温度会通过头壳的铝体部分散热，此时头壳发热是正常情况。新机器因齿轮新磨合，发热尤为明显，使用一段时间后会有所改善。

切割刀

重型切割刀适用范围广，铝合金刀身，不锈钢刀套，美观耐用。内含 SK5 梯形刀片，锋利耐用，适用于多数标准实用刀。刚性大，蠕变小，机械强度高，耐热性好。专业刀片可储存 3 片 9 mm 刀片，适用于狭小空间储存作业，不同系列满足不同的工作要求。

手术刀

文物修复中常用手术刀配合医用刀片，进行錾刻、切割、刻画等工序。刀片采用优质碳钢，相比传统刀片更锋利，硬度强，耐磨度高，不易变形。取出刀片后，应检查刀片表面有无裂纹、锈斑，刃口有无缺口。刀片应存放在相对湿度不大于 80%、无腐蚀性气体、清洁和通风良好的室内，并且不得与腐蚀性气体、液体接触，以免生锈。

图 3-44
打磨雕刻工具

具体尺寸：3 号手术刀柄全长 12.5 cm，与 10、11、12、15 号手术刀片联用；4 号手术刀柄全长 14 cm，与 18~36 号手术刀片联用。

泥塑刻刀

木质手柄，不锈钢头，长 13.5 cm，适用于泥塑、精雕手工艺品、硬油料的雕塑。优质精钢泥塑刻刀，锋利，坚固，耐用。

作色作旧工具

天然矿物颜料

粉末状矿物颜料，共 48 色，每小瓶高 5 cm，直径 2 cm，重 0.005 kg。质地细腻，色相丰富，颜色饱满，经久不变，易于调胶，便于着色，混色自由，稳定厚重。矿物颜料的制作是将采自大自然的矿物石剔除杂质，经过分选、细碎、清洗、研磨、晾晒、水漂、分层、分色、沉淀、细磨、筛选等精制而成，具有很强的覆盖力。矿物色的色彩很稳定，因其矿石的特性，能够耐受日光照射、温湿度影响与自然天气的变化。矿物颜料按照粉碎原石粒子的大小粗细进行区分，即使是相同颜色也可以表现不同的浓淡程度。

使用方法：将已研成细粉的矿物色倒入小碟，加胶均匀调和，颜料和虫胶水的比例为 1:1，再按需要的浓度加水稀释即可。每上一遍色不要来回涂抹，否则易翻色。

天使情景色粉

粉质细腻柔顺，色彩效果真实，与各种配合使用的涂装树脂与溶剂等均有极好的相溶性与分散性，在各种模型表面或涂层表面有最佳的施工性；安全无毒，按欧盟 EN-71 卫生安全标准制造；提供较齐全的色粉作业配套助剂，使情景旧化作用过程更加便利，并且有更丰富的旧化效果作业模式选择。通用级与专业级色粉使用方法相同，具有广泛的兼容性，不仅可与全部色粉助剂配套施工，也可与天使涂料罩光漆、消光清漆、色漆、溶剂等配合使用。具体使用方法有两种：一种是对色粉进行干刷，最后用胶液定型；另一种是将色粉与溶剂、胶类、罩光漆、消光清漆等混合，进行表面湿涂、修饰、清洗等。

丙烯颜料

以丙烯酸树脂为黏合剂的一种绘画颜料，单只容量 45 ml，52 色可选，有钛白、锌白、象牙黑、碳黑、土黄、赭石、湖蓝、天蓝、朱红、大红、树绿、肉色、深黄、柠檬黄等色。其优点是快干，使用后可用水清洗，干燥程度好，膏体稳定，覆盖力强，能充分表现和保持作画良好的笔触。使用范围广泛，包括帆布、棉布、纸张、木头、皮革、砖砌或任何不太油或不太光亮的表面。

使用方法：直接从管内挤出使用，创造薄厚涂的效果，像油彩一样能堆叠造型，或用水稀释以达到水彩画颜料或广告画颜料的绘图效果。

软式粉彩

雄狮牌软式粉彩颜料共 60 色，长约 320 mm，宽 210 mm，重 0.962 kg。色彩丰富，色泽鲜明，材质细腻，画感如丝绸般润滑。粉彩易于混色，可与其他粉彩混合使用，可用笔、手指等晕染开。大面积涂抹时，可制造特殊效果，如结合魔芯器或用砂纸将粉彩条磨出些许细末，再加以涂抹，可获得出乎意料的效果。

使用方法：给文物进行着色时，先取适量粉彩条研磨成粉末状，再用吸管滴入虫胶使之成为有色黏合剂；配合网刷或笔刷，以点、拨、蘸、弹等方式将颜料施于器物表面，形成深浅不一的青铜器表面皮壳颜色。

油画刮刀

木制手柄加不锈钢刀片，刀片轻薄，富有弹性，不易变形，耐刮耐碰。刀头采用不锈钢刀片，边缘圆滑处理，不易刮伤文物。红榉木质手柄，流线型设计，握感舒适，绘画舒畅。刀面与刀柄之间衔接牢固，不易脱落。

具体尺寸：1 号刀片长 7.2 cm，宽 1.2 cm，总长 17 cm；2 号刀片长 9 cm，宽 2.2 cm，总长 18.5 cm；3 号刀片长 10 cm，宽 2.4 cm，总长 19.5 cm；4 号刀片长 11.4 cm，宽 1.5 cm，总长 21 cm；5 号刀片长 12.5 cm，宽 2.2 cm，总长 22 cm。

画笔、画刷

尼龙毛画笔：木杆加尼龙毛，有平头和尖头两种规格，毛头分别长 8 mm、13 mm、19 mm、22 mm；优质尼龙毛，弹性润泽，不易脱毛，适合大面积铺色或画面形体塑造；铜管接口镀铬，质地光滑圆润，拼接口用特殊工艺紧紧扣住笔头；优质实木笔杆，笔握舒适，加长笔杆更专业。

尼龙板刷或排刷：锋长 2~3.4 cm，锋宽 1.2~7.1 cm，笔杆平均尺寸为 12.3 cm；笔毛弹性强，毛质细腻、柔韧、有光泽，笔触感强，绘画效果佳；铝管镀铬，有效防止笔头从笔杆脱落。

狼毫勾线笔：重 0.01 kg，锋长 0.8~2.2 cm，锋宽 0.1~0.5 cm，全长 17~19 cm；精选狼毫为材料，线条精细，用于纹饰勾边和对细节的细微刻画，但因其内材质为木质，画笔泡水容易断裂。

猪鬃毛扇形笔：锋长 2~4.51 cm，锋宽 2.5~5.5 cm，全长 23~26 cm；野猪鬃毛材质，笔触顺畅，不易分叉，有良好的弹性和耐磨性。

长柄猪鬃画刷：猪鬃毛笔头，镀铬铝管笔管，木柄笔杆，毛长 3.3~4.5 cm，毛宽 3~7.4 cm，全长 26.7~36.5 cm；笔毛细腻均匀，结实有弹性，适合多种类型作画，长柄可悬挂。

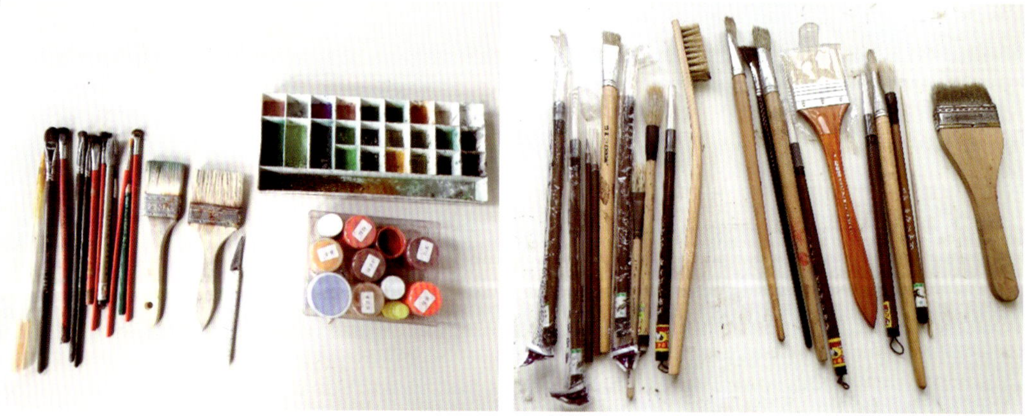

图 3-45
常用作色作旧材料及工具

三

当代创新发展

中国青铜器造型优美、工艺精湛、种类繁多，千百年来埋藏环境的不断变化使古代青铜器散发着深厚的历史底蕴，每一件古代青铜器都仿佛一段被尘封多年的记忆，留下了岁月与历史的痕迹，不断引人遐想、待人探索。而文物保护工作者的职责便是透物见人，与古人对话，与历史对话。透过文物之眼，向公众展示当时的社会形态、文化生活和生产方式，力求还原真实的历史面貌。

从某种意义上来讲，文物保护与修复技术人员起到的是一种桥梁连接作用，他们是沟通古与今、生与死、物与人的重要纽带，众多经过保护与修复的古铜器会呈现出不一样的文化面貌，结合文献等材料，研究者们可以窥探到古代社会的方方面面，包括经济结构、生产生活、等级差异、文化审美等。

由于铜器表面锈蚀繁杂的多样性，对其进行研究和保护修复，不仅要掌握修复理论、历史、艺术、化学等多种学科的基础知识，还要熟练雕塑、制模、绘画等多种工艺。青铜修复者在实践中必须不断努力学习，不断丰富理论知识，不断提高技术水平，将多学科与新技术结合运用起来，只有将创新独到的思想注入文物保护事业中，有新的思路、新的举措、新的方法，才能使一件件艺术珍品得以重现原有的光辉，才能把我们的文物修复工作做好，才能推动当代文物保护事业的发展。

历经数代，苏派青铜修复技艺革新了多种方法。例如，革新对病害进行检测分析的方法：红外吸收光谱分析（IR）、激光拉曼光谱分析（Raman）、X 射线荧光全元素分析（XRF）、X 射线衍射分析（XRD）、X 射线光电子能谱分析（XPS）、扫描电镜分析（SEM）、3D 超景深三维立体显微镜、工业 CT 等。在铜器修复方面也实施了一些新的手段：在去锈清洗阶段使用超声波清洗技术和激光清洗技术；在整形阶段使用金属文物专用矫形仪和机械固定手臂；在补配阶段使用 EVA-1 乙烯－醋酸乙烯酯薄膜等高分子材料进行连接；在打磨阶段使用电动角磨机；在缓蚀封护阶段选用 AMT 复合剂等高分子材料进行加固缓蚀；对文物进行复制可采用 3D 打印技术……

这些新兴的科学技术一方面节省了工作时间、提高了工作效率，另一方面也促使文物保护与修复技术人员不断反思，不断完善文物保护的理念，尽自己的可能最大限度地体现文物的历史、艺术、科学价值。

超声波清洗技术

超声波清洗机利用声能转换成机械振动的原理发挥清洗作用，它能使槽内液体中直径为 50~500 μm 的微气泡振动并迅速膨胀、闭合、爆破，在气泡周围产生较大的压力。在液体中传播时产生的正负交变的声压会形成射流，可轻松地将附着在物体表面的污染物予以清除。

超声波清洗的效果受诸多条件影响，其中最主要的包括清洗时间、清洗液浓度与温度、超声波频率与强度。在一定条件下，清洗时间越长，效果越佳；使用不同的清洗溶液（蒸馏水为最普通的清洗液），会产生不一样的清洗质量与强度，这往往与溶液的浓度和理化性质有关；通过改变清洗溶液温度，在一定范围内有利于空化效应（存在于液体中的微气核空化泡在声波的作用下振动，当声压达到一定值时发生的生长和崩溃的动力学过程）；当超声波频率较低时，碳氢溶液更容易发生超声空化，清洗效果会相对更好；声强的大小也会直接影响空化效果。

1914—1918 年，朗之万（Langevin）发明了夹心压电换能器，标志着压电换能器的问世。20 世纪 20 年代，梅森（Mason）发明变幅杆，它与换能器之间的连接可以产生高强度超声波振动。30 年代，美国新泽西州的美国无线电公司技术人员提出超声波清洗技术，至 70—80 年代，美国及欧洲已经把超声波技术运用到工业生产上。90 年代后期，国外超声波清洗设备种类繁多，超声波技术逐渐出现在各个领域并逐渐走向成熟，高频超声波清洗设备在所有超声波清洗设备中比例最多。我国超声波技术则在 20 世纪 50 年代开始兴起，主要研究方向为清洗和焊接。随着电力电子技术的不断发展，超声波电源的研究水平也在不断提高，逐渐实现了从低频到高频、多频、变频等清洗方式的转变。

20 世纪 90 年代以来，文物保护领域应用超声波清洗技术成为一种趋势。甘肃省博物馆马清林首次应用了六偏磷酸钠稀溶液中超声波清洗青铜器这一方法，对锌粉转化封闭有害锈方法进行了改进，对灵台县 80 件青铜器进行了科学的保护与修复。南京博物院杨毅在《超声波清洗青铜文物》一文中，使用自行研制的 ACN1 青铜缓蚀剂，结合医用超声波清洗机，有效清除铜器中的氯化亚铜，从而达到快速处理锈蚀产物的目的。南京博物院李晓华在《古代纺织品清洗方式的探讨——超声波清洗》一文中，使用 KQ-1000E 型医用超声波清洗机对古代纺织品进行清洗。东华大学孔旭尝试将超声波清洗技术应用于丝织品文物，将现代与汉代的丝纤维进行物理结构形态与化学成分的比较，并通过实验说明其配制的洗涤液能够应用于丝织品文物，具有很好的清洗效果。故宫博物院田金英围绕库房藏品中古代丝织品的霉菌生长和霉斑情况进行课题研究并立项，使用弱酸化水和改良型超声波清洗程序对清代丝织品文物进行了霉斑清除，取得了较为理想的效果。西安文物保护修复中心于群力等更是设计出了一种多功能超声波清洗仪，可根据文物的类型与质地自行调节技术参数，采用去离子水作为清洗剂，选取青铜器、彩绘残片和丝织品进行初步实验并取得了较好的结果，不过其设计功能和技术参数还有待进一步完善。

使用超声波清洗机进行清洗必须注意以下几点：通常调试超声波发生器输入电压为 200~250 V，50 Hz；经常清理清洗槽内部，保证无杂质粉尘，工作环境保持清洁、干燥、通风；选择清洗液时，需考虑清洗溶液的成本、效率及安全性（水是较为常见的清洗液，适宜清洗温度为 40~60 ℃）；控制最佳清洗时间，时间太短无法达到清洗的要求，时间过长空化腐蚀作用会影响文物的金属性能。

手工清洗耗时耗力，会增加文物保护专业人员的工作负荷；长时间与锈蚀、微生物等接触，没有进行消毒灭菌还会引发伤口感染；普通清洗之后表面残留污渍较多，清洗效果较差。相比普通清洗，超声波清洗具有以下独特的优势。

第一，超声波清洗高效彻底，如油泥等分子结构强度大的物质，人工清洗很难彻底去除干净，超声波清洗就能解决这一难题。

第二，超声波能量能够穿透细微的缝隙，适合清洗精密复杂的青铜铸件。

第三，超声波清洗更具自动化，灵敏度高，设备简单，同时能对复杂结构进行检测。

第四，安全节能，速度快，超声波清洗器物只需要几分钟到半小时。

虽然超声波清洗技术应用越来越广泛，研究水平也显著提高，但目前的系统还存在些许漏洞。例如，使用过大的功率可提高清洗效率，却会使较精密的附件产生蚀点，而且超声波还会产生强烈的噪音，也有其局限性。当然，随着国内制造业科技水平的提升，超声波清洗机正从单槽式向多槽式、小型向大型、半自动化向全自动化发展，我们相信这一技术会越来越成熟。

图 3-46
超声波清洗机

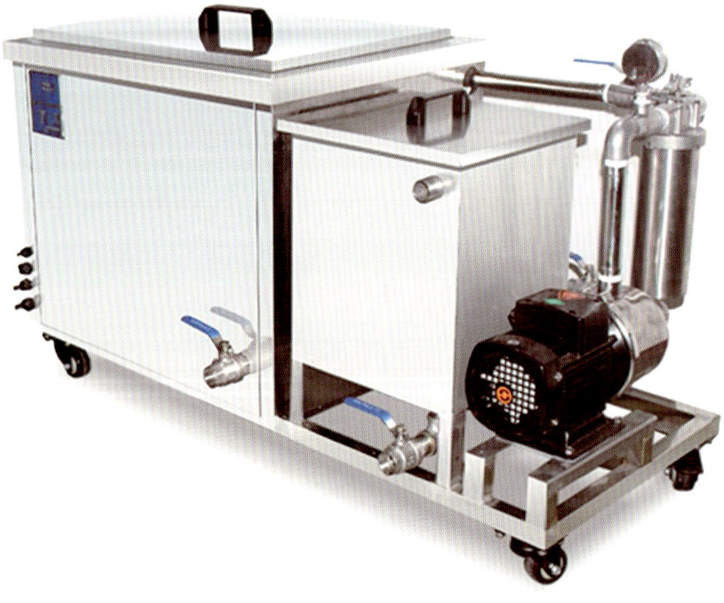

激光清洗技术

对文物进行保护与修复前，需要清洗其表面，去除本体以外多余的物质。文物保护修复传统的清洗方法包括化学清洗和机械清洗。化学清洗过程中，需要使用许多化学试剂，若使用不慎会对文物造成二次伤害，而且往往清洁力度有限，有时还会产生其他氧化物或杂质，使用完剩余的化学试剂还会对环境造成污染。机械清洗是利用机械工具对文物物理性去除表面硬结物，有些锈蚀组织与本体紧密结合，传统机械法很容易损伤文物本身，而且一般清洁度都较低，人工操作耗费的时间较长，清洁效果也不明显。超声波清洗由于原理限制，小型手持超声波洁牙仪无法完成亚微米级污粒的清洗，给文物清洁造成不便；大型超声波清洗槽因其尺寸固定，制约了大尺寸复杂结构方面的清洗效果，每次仅能容纳部分零件，对于体量超大的青铜重器便无能为力了，而且与去离子水接触过程中还可能会造成二次污染。与传统的化学清洗、机械清洗、高频超声波清洗相比，激光清洗具有非常明显的优势，它是目前发展最快的一种文物清洗方法，也是工业清洗的主流技术之一。

激光清洗是把激光束聚焦到文物的表面，使材料吸收的光能转化为热能，利用材料发生热膨胀产生的热应力克服污染物微粒与材料表面吸附力，使得锈斑、污渍层、涂料层发生瞬间剥离或汽化，从而达到清洗的目的。激光清洗技术是一种“绿色”新型清洗技术，具有无研磨、非接触和无污染等特点，因此它正逐步取代传统手动清洗而成为文物保护修复过程中的一项科技手段。

20 世纪 60 年代初，随着激光技术的发展，激光清洗技术首次出现在公众视野中。到了 80 年代，微电子技术的超高要求催生了激光干式清洗技术。21 世纪，随着微电子集成化程度越来越高，去除微粒的尺寸也越来越小，超快激光得到了快速发展。

目前，国际上出现的商用激光清洗设备已有很多，研究也较为深入。然而，国内的激光清洗设备因起步晚，还停留在实验室阶段，真正应用于实际生产的比较少。国内有几家科研单位或院校已能够申请和研制一些激光清洗系统的专利，如北京大学的便携式激光清洗机，南开大学的窄脉宽激光自动除污系统，清华大学、中科院物理所等联合申请的瓦级全固态紫外激光清洗机及激光清洗方法，长春理工大学的便携式全固态双波长激光清洗装置，以及中科院安徽光学精密机械研究所研制的激光清洗机（它具有快速响应光闸，功率实时显示，同步进行扫描的红色校准光，激光能量、光束直径可调等特点，主要用于各种模具、部件的清洗）。

2012 年，长春理工大学路磊在《背带式双波长全固态激光清洗设备》中介绍了这款设备能够满足工业清洗的要求。2014 年，南开大学李伟在《激光清洗锈蚀的机制研究和设备开发》中提出了一种双光束湿式除锈的清洗方法和清洗装置。2015 年，中国地质大学齐扬以云冈石窟为例，开展了石质文物本体及其表面污物基本性质的分析梳理、激光清除表面典型污物的试验、激光清除石质文物的安全性试验、激光清洗设备研发、激光清洗石质文物工艺研究和现场应用验证试验等，对表面污物激光清洗的机理和文物安全性方面进行了研究分析，填补了我国石质文物激光清洗技术的空白。2018 年，华中科技大学余晓畅自主研制的激光清洗设备最高输出平均功率为 270 W，脉冲重复率 5~12 kHz，峰值功率可以达到 70 kW 以上，是目前国内研制的脉冲激光清洗设备中平均功率较高的产品。2019 年，苏州大学潘煜团队设计出了手持式激光清洗设备的振镜辅助控制系统，解决了手持式激光清洗设备在实际清洗时要不停手动调节扫描速度和扫描范围的不便。

一套激光清洗机一般由多个系统组合而成，包括激光器系统、光束调整传输系统、移动平台系统、实时监测系统、自动控制操作系统及其他辅助系统。其中，激光器系统是整个流程的核心环节，可以选择 CO_2 激光器来达到比较高的清洗效率；光束调整传输系统通过调整激光的形状、大小等针对性地清洗密度比较高的区域；移动平台系统通过驱动装置将被清洗器物进行位移，可以平移或旋转，保证清洗的均匀性；实时监测系统和自动控制系统及时记录监测信息反馈给控制系统，实施操作是否继续等指令。

激光清洗效果与许多因素相关，包括激光的波长、脉宽、功率密度、扫描辐射时长等。因此，需要根据清洗方式、对象、环境及自动化程度，调节清洗参数，达到不同程度的清洗，如不同的材料对激光的吸收特性不同，通过调节各平台系统才能达到整体的清洗效果。

激光清洗技术的优势在于：绿色无污染，不使用化学试剂，废弃物易收集；零接触，不与本体接触；可局部清洗，使文物清洗更有针对性和灵活性；远距离操控，自动化清洗，探测器实时反馈控制；单位面积清洗成本较其他清洗方式低廉。

激光清洗技术的不足在于：内部机制不稳定，易出现清洗损伤。

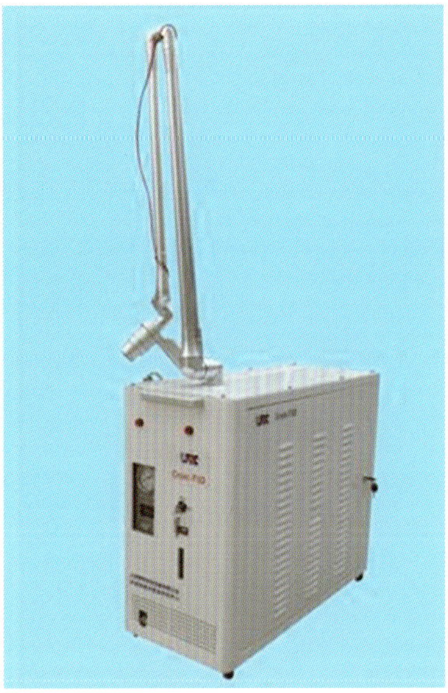

图 3-47
激光清洗机

图 3-48
激光清洗前后对比图

机械固定手臂

目前，在室内文物修复实际操作过程中，对修复文物采取什么方法进行固定一直是个比较棘手的问题。传统修复过程中，修复人员大多手持文物进行焊接，固定文物时会使用一些简单基础的工具材料，如绳子、纸胶带、橡皮胶等，而体量稍大的文物在矫形焊接时难以控制，有时需要两三个工作人员同时手扶固定。每位修复师也会根据自己的习惯使用不同的固定方法，而不当的固定手段会对文物本体造成伤害，矫形的力度控制不当也会使青铜文物开裂、破损，这些都会影响文物修复的规范性与精确性。除此之外，随意的固定方法不能保障文物的安全，也给修复师在操作中带来不便。

例如，金属文物的热焊接一直是以手持为主，边焊接边校对、调整，要保证焊接的牢固，操作温度就要达到400 ℃才能完成，修复者虽然都戴了手套，但还是经常被烫伤，因此传统手持修复具有一定的安全隐患。再如，陶瓷文物的粘接，无论什么类型的粘接胶都需要或快或慢的固化过程，很多时候这个固化过程也是手持的。手持的优点主要是操作简便，可以随时调整；而缺点是会产生晃动，胶水在固化过程中，被粘接物得不到很好的固定，最终就会影响文物的粘接强度和修复效果。用绳绑和胶带粘也是如此，不仅时间长了容易松动，固定用的绳子和胶带也容易一并粘在文物上，用胶不慎会在无形中对文物造成了二次污染。还有打磨、作色、封护等环节，稍不留意就会造成修复的偏差，影响文物修复的精准度。

总之，整个修复操作过程中，基本上离不开器物固定这个环节。一些质地酥脆或腐蚀严重的文物，如通体矿化的青铜器、年代久远的古籍、保存不善的丝织品等，其分子结构已经很疏松，人为接触本体有可能给原件造成不可避免的损坏。目前，国内文物修复缺乏能够很好固定文物，又能适应不同形状器物的机械工具。随着科学技术的进步，苏派传人研究并制作了机械固定手臂，较好地解决了手持焊接时铜器碴口往往不能对齐、温度高易烫伤、焊接不平整等问题，可广泛投入机械化生产中，应用前景十分广泛。运用文物修复机械固定手臂，可以预先将铜器断裂处的碴口对齐，操作者可以在更安全的条件

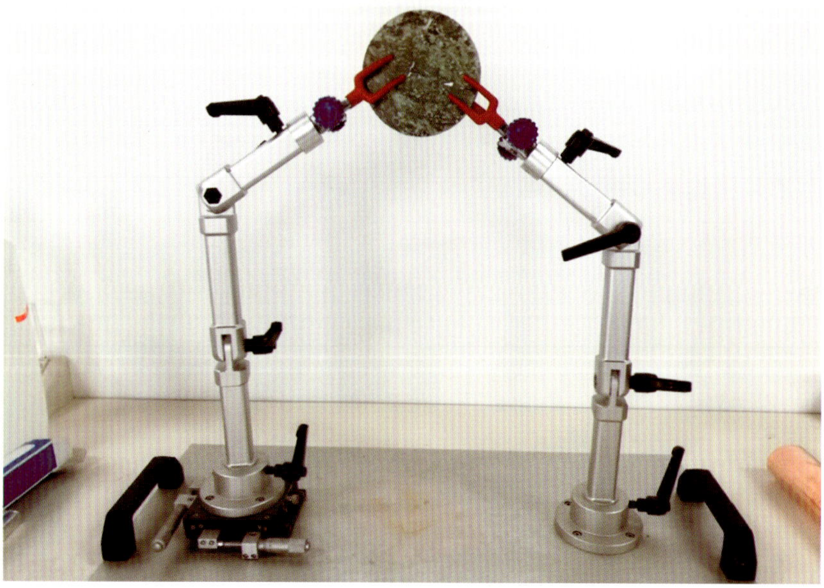

图 3-49
机械固定手臂
(2015年潘炼获新型实用发明专利)

下进行焊接操作。

文物修复用机械固定手臂的主要技术特征为机械手臂一左一右对称设置，在机械手臂上竖直方向设置直线导轨，在每个机械手臂设置3个或3个以上关节，至少包括X轴、Y轴、Z轴方向。修复用机械固定手臂可根据文物材质的不同更换不同材质机械手，以减少操作过程中对文物的伤害。例如，焊接石刻文物和金属文物时，选用金属机械手；拼对和粘接陶瓷类文物时，选用橡胶机械手（起到固定防滑的效果）；对于木漆器、纸质、丝织品等有机材料文物，选用硅胶机械手（柔软有弹性，避免对器物造成伤害）。

机械固定手臂可以完成抓、握、托、举、抬、推、提等各种动作，手臂零件也可以快速组装、更换。目前，苏派修复师已经使用机械固定手臂对铜镜进行固定，完成了焊接和粘接的工作，在实际操作过程中，确实能有效规避烫伤和粘接错位的情况发生。

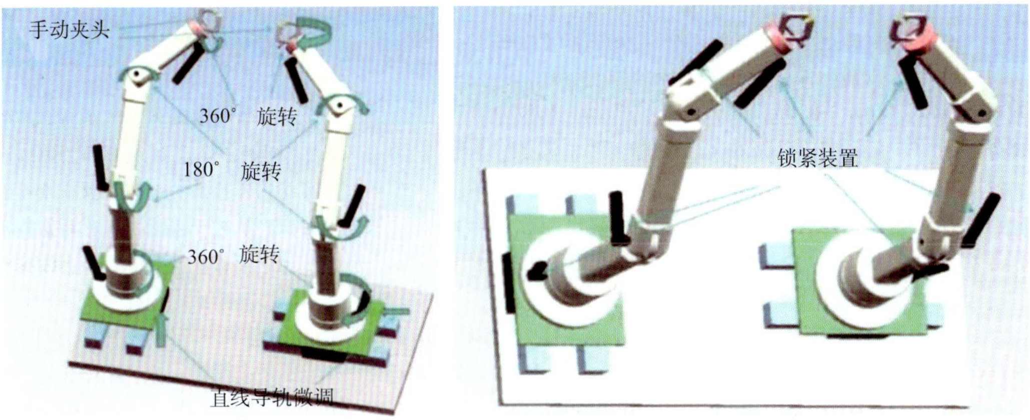

图 3-50
机械固定手臂示意图

使用传统方式进行修复时，修复师右手拿电烙铁，左手持2块需要焊接的铜镜碎片。从图3-51中我们可以看到，单手拿铜镜碎片，要把2片碎块拼对整齐是一件很困难的事。就算拼对整齐了，也很难固定不动，随着右手的焊接动作，身体会相应晃动，带动左手的固定动作变形。使用机械固定手臂进行焊接时，机械手臂可以将2块青铜碎片进行完美拼对，调试到断开的碴口完全拼合一致。由于机械手臂已将铜镜固定好，操作人员可以从容地进行焊接和粘接，大幅度提高了焊接和粘接修复的准确性，以及文物在修复过程中的安全性。

总体而言，机械固定手臂具有传统方法所不具备的优势，使用机

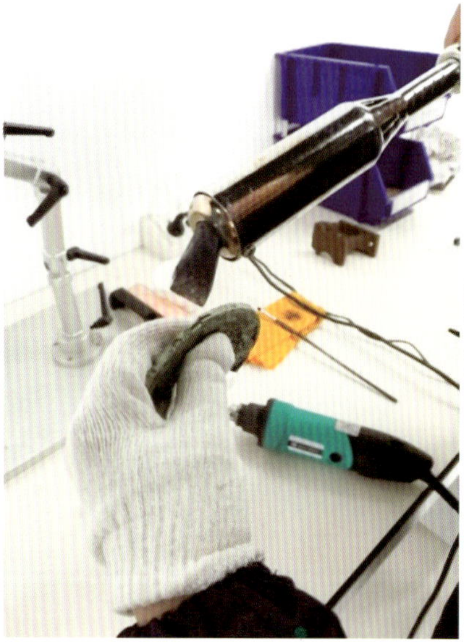

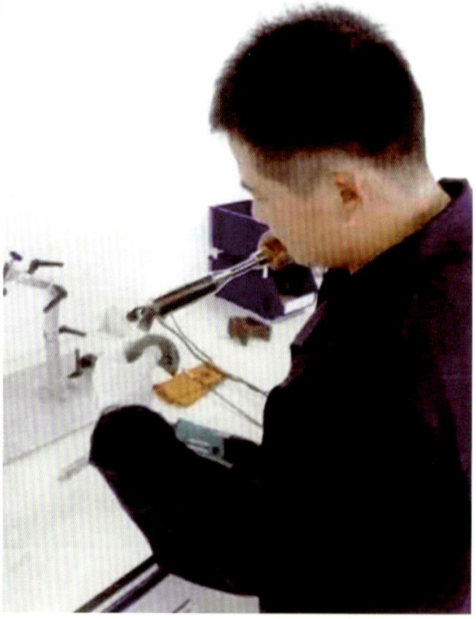

图 3-51
手持铜镜进行焊接

图 3-52
对机械手臂固定的碎片进行焊接

械手臂可以很好地固定住不同器形的文物，避免在操作中对文物造成不必要的人为伤害；机械手臂可以取代操作人员的肢体固定，从而大幅度提高操作人员在保护修复时的工作效率和工作质量，同时还能大幅度提高文物在人为操作时的安全系数。

机械固定手臂的制作、应用和推广可以有效提高传统文物修复操作人员的工作效率，保护文物的同时也保护工作人员的自身安全，使文物以更安全、更科学的形式得到保护和修复。不过，机械手臂的设计还处在初级阶段，还不能满足所有文物种类的需要，作用也比较单一。在现有基础上还应不断改进，提高机械手臂在实际操作过程中的灵活机动性，如增大尺寸和载重力；改用新型材料使设备更轻；机械手臂改为轨道连接，可随意调整间距，适应各种文物尺寸；机械手臂的转动关节改为球形万向关节，提高手臂操作灵活性；设计多种式样的可更换机械手，以适用不同形状和材质的文物固定；融合压力监测显示系统、文物内部窥探系统、视频显微系统、吸尘排污系统等，加强文物保护修复工作的科学性和安全性。

文物修复机械固定手臂的研发和制作是一个不断积累、提高、创新的过程，需要研发人员对文物修复工作有实际操作经验，了解传统文物修复工艺，同时也要有物理、机械、工程、设计等多个领域的人才群策群力，本着开拓进取、勇于创新的精神共同完成。

金属文物手动整形仪

青铜文物的整形往往需要施加一段时间的压力，为了减轻人为的影响，提高工作效率，再结合模压法、顶撑法等，文物修复者设计出了多种针对青铜文物的整形仪器，如多功能压力整形架、内外双环套矫形器、文物拉力顶推整形器、多角度定位文物修复整形器、圆筒顶拉整形器和方形定位修复整形器等。它们可有效解决圆形、方形和不规则形状的残损变形青铜器的修复问题，而且结构简单，较为实用，新颖独特，使用方便，修复效果好，是青铜器修复设备上的创新。

文物整形器分为圆形、方形等，可针对不同形状的青铜器，采用不同结构的文物整形器。文物整形器的结构为底板、螺栓、螺帽和挡圈；底板上开有中心向外辐射状对称的长条状镂空槽，镂空槽内装有滑动的挡圈构成定位滑动结构；靠镂空槽的外端与镂空槽中心线在一条直线的地板上装有固定的第一空心螺母和第二空心螺母；第二空心螺母和第二空心螺母内旋装有螺栓，螺栓和定位滑动结构构成多个矫形支点，镂空槽沿边长上有计量刻度。

金属文物手动整形仪采用特级不锈钢材料制成，厚度可达 5 mm，整形仪的尺寸可根据修复文物的大小进行专业定制，如圆形整形仪有 400 mm × 400 mm、500 mm × 500 mm、600 mm × 600 mm 三种规格可选，方形整形仪有 400 mm × 300 mm、530 mm × 340 mm、730 mm × 540 mm、930 mm × 740 mm 四种规格可选。

在操作过程中，根据文物不同的变形程度，利用循序渐进的方式进行修复。第一，在内部和外部滑块安装合适的顶杆。第二，在没有

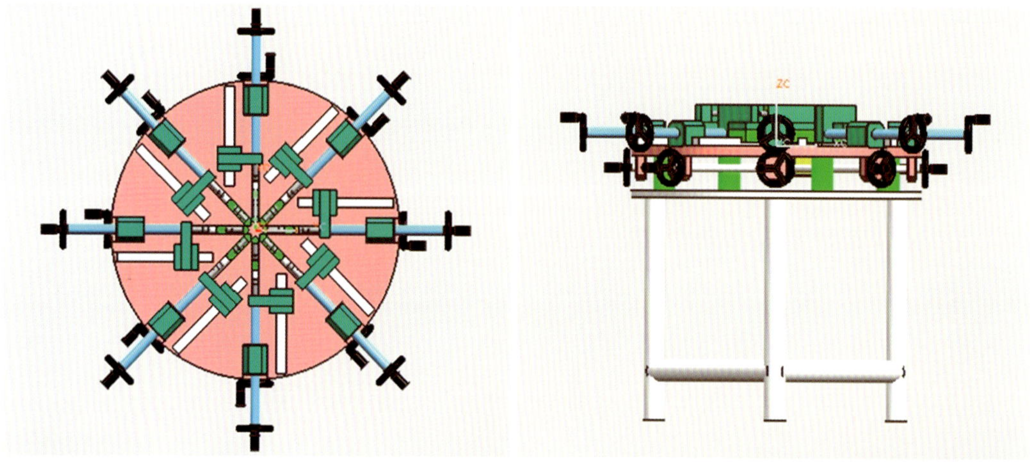

图 3-53
金属文物手动整形仪

图 3-54
金属文物手动整形仪整形汉代铜盆

变形的方向，逆时针手动旋转圆盘下手轮，直到顶杆碰到修复文物。第三，使内部滑块碰到文物相对应的顶杆，顺时针旋转圆盘上手轮，直到顶杆接触到文物。最后，固定好文物后，根据文物变形的方向手动旋转内部或外部顶杆。操作时应对变形较大的部位适当采用风枪加热，以增加金属韧性，更好地为金属文物进行整形。

3D 打印技术

近年来，随着国内外博物馆、科技馆等场馆的展览主题日趋丰富，展览陈列中对于文物陈列品的要求也相应提高。由于文物原件的特殊性与唯一性，采取不当的保护保存措施难免会对文物造成无法挽回的损害。微生物劣化、光学污染、可溶性盐类侵蚀是影响文物本体保存的几大重要因素，不恰当的展厅环境、展柜环境与灯光照明设备很容易对文物原件造成不可逆的伤害，而文物复制品便能很好地解决这一问题。根据《文物复制管理办法》：文物复制是指依照文物的体量、形制、纹饰、质地等，基本采用原制作工艺复制与原文物相同的制品的活动。对文物进行仿真翻模复制后，将复制品放在展厅供参观使用，而文物原件置于实验室保护或库房保管，可控制文物的保存环境，保证其安全。

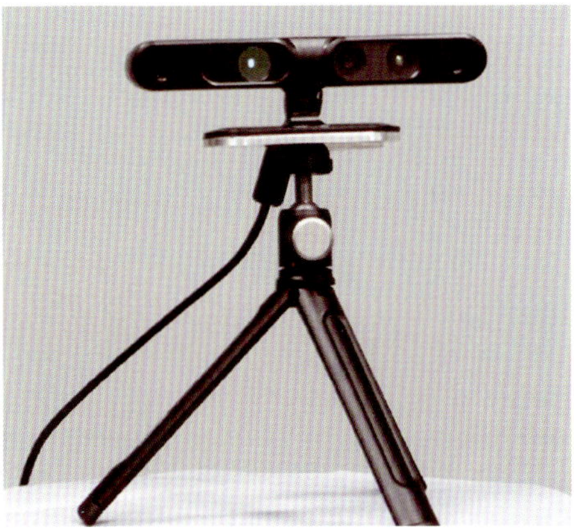

图 3-55
3D 数据扫描仪

出于现实条件等因素的制约，具有独特优势的文物复制品应运而生，文化遗产保护同时也推动了文物复制品市场的繁荣。文物复制品替代原文物作为博物馆展品，已经被大量地运用于全国各地各类博物馆及展览中。为了避免混淆视听，展牌上通常会对复制品进行标注，表明其为复制件，如国家博物馆藏后母戊大方鼎、湖北省博物馆藏虎座鸟架鼓等。复制品与其他陈列形式相互配合，能更好地表现展览主题，给予观众身临其境的感受，增强艺术感染力。这不仅生动真实地还原了文物原件的历史面貌，保存了文物的细节信息，还为文物科学研究提供了行之有效的实物资料和图像数据。

文物复制古已有之，早在春秋时期鲁国给齐国进献的谗鼎赝品几以乱真，体现了当时古物仿制、复制技术的高超。不过，传统的复制技艺难以实现在完全不接触文物本体的情况下完成模型的铸造，传统复制需要对金属原料进行冶炼、翻模、铸造、修整等一系列的工艺，不仅工程周期长、材料成本高，人工技术要求也较高，还存在冶铸失败的风险。修复也是通过打样膏或硅橡胶对文物直接取样、翻模，如果是修复表面矿化严重的青铜器，传统的翻模方法便不适合在其表面直接操作了。如果通过三维立体扫描等高科技手段，可将残缺部分复制打印成型。随着国内文物复制领域专家、学者不断地实践、改进、总结理论，3D 打印技术从国外传入后不断在国内推广，在文物复制与修复过程中运用此项技术，逐渐成为国内一种时新的手段。

早在 20 世纪 80—90 年代，欧美发达国家的 3D 打印技术已经基本形成并投入生产。进入 21 世纪，3D 打印操作技术链呈现出更加完善并向产业化发展的趋势，在建筑、航空、汽车能源、消费电子、医

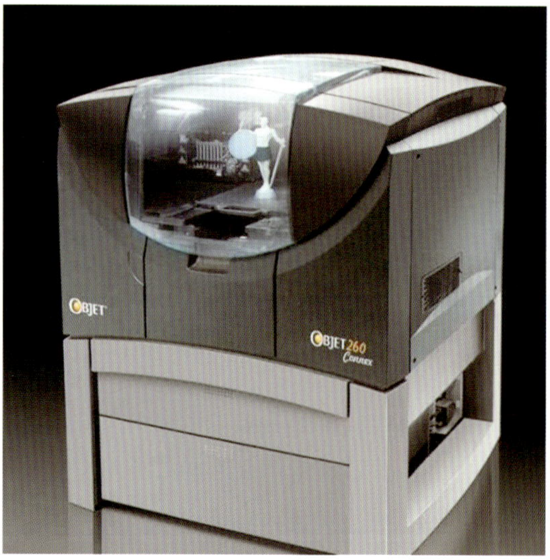

图 3-56
3D 打印机

疗等方面得到了大力推广，而国外文物复制方面，3D 打印技术也卓有成效。例如，全球最大的博物馆系统史密森尼学会引入 3D 打印技术，创建博物院藏品的 3D 模型，连完整的考古遗址也经过扫描被制作成 3D 模型。1995 年，北京隆源公司研发了 AFS 系列的粉末烧结激光快速打印机。近年来，由于展览陈设、科学研究等需要，我国各大博物馆也逐渐采用先进的科学设备辅助提高文物保护水平，如上海博物馆、中国国家博物馆、故宫博物院、南京博物院等；与此同时，国内多所高校 3D 打印技术的自主研发也开展得如火如荼，如北京大学、复旦大学、清华大学和华中理工大学等。

国内文物复制方面，最初是对文物进行三维扫描，采集 3D 数据块信息，从而建立模型、构建数据库，之后逐渐朝着复制实物的方向

图 3-57
3D 打印的青铜弥勒佛造像

发展。运用较为成熟的是石窟壁画和佛像的复制，如新疆龟兹石窟的复原。2013 年，山西博物院利用 3D 打印技术仿制了国宝级文物鹿形金怪兽。同年，南京博物院引进三维扫描仪和 3D 打印机，结合青铜传统修复工艺的调色作旧法，复制青铜弥勒佛造像，三维扫描建模后可以打印出树脂模型，操作简单便捷。

根据原料和原理的差异，3D 打印技术可分为以下几种类型。

第一种，以光敏树脂为原料光固化成型，液态光敏树脂喷在基材上，再辐射相应的光波，使其反应聚合生成固态材料。

第二种，以热塑性材料为原料熔融挤出成型，PC 等热塑性材料受成型挤压会快速固化。

第三种，以粉末状材料为原料选择性激光烧结，先将材料粉末堆放在已经成型的零部件上，采用高强度激光扫描，使材料粉末和零件烧结黏合在一起。

第四种，以薄片材料为原料分层实体制造，通常使用纸张、塑料薄膜等原料。

第五种，以粉末材料为原料三维印刷，通常使用陶瓷粉末、金属粉末等，通过硅胶、热熔胶等黏合剂进行成型。

第六种，以树脂砂为原料无模铸型制造技术，黏合剂和催化剂固结成砂，层层累积形成空间实体，可以得到一定的厚度，对砂模的内表面敷耐火材料或涂层后可以用于浇铸金属器物。这一技术的优点在于耗时短、无需模具、可铸造复杂形制的模型，也是金属文物复制的首选方案。

与传统修复相比，3D 打印技术应用于文物的复制与修复有以下几个特点。

第一，数字化：可以根据需要调整复制件的比例，以网络平台为支撑，快速生产高质量打印。

第二，现实化：可以在不直接接触文物自身的条件下，根据 3D 打印建模数据，采用快速成型技术实现材料的堆积或削减，还原文物真实历史信息。

第三，智能化：可以将多种材料融合在一起，根据需要调整材料的属性，以提高其真实性。

第四，生态化：可回收二次利用，对环境影响较小。

第五，经济化：可以降低生产时间与投入成本，节约成本。

在文物复制方面，3D 打印技术与三维扫描和三维建模技术联用，建立三维实体模型。然后，对打印成品进行一系列加强措施来延长使用、保存寿命，包括强制固化、去粉、包覆、打磨、抛光等。进行 3D 打印的前提是尽可能多地获取器物的高精度三维数据，对于文物的测绘要达到 ±1 mm 的精度。展览陈列中的复制品需要按照国家规定，除标明文物年代、出土地点、时间外，还须标明复制单位、编号、材料等基本信息，建立统一、规范、标准的复制档案。文物复制工作的发展，有利于开展馆际之间的藏品交换、调拨，促进馆际之间的合作与交流，为博物馆的科研活动和陈列工作提供必要的实物资料和基础材料，促进博物馆社会效益的充分发挥。

在文物修复方面，采用 3D 激光扫描仪精确扫描文物采集数据，包括尺寸、形态、纹饰、色彩等。借助高分辨率 CCD 数码相机进行拍照，有效地收集器物表面的三维坐标点，获得器物的点云（Point Cloud）。将扫描结果转化成数字信息，通过计算机 CAD 软件进一步完善数据并直接生成三维图像，在保证文物绝对安全的情况下，精准输出并导出三维立体模型。数字信息采集完成以后，工作人员可以使用软件对铜器的破损、残片或者文物缺失的部分进行补配与修复。修复要及时建立档案，标注清晰，标明名称、地点、保存现状及参与修复的工作人员。修复过程中的补配环节，可以先填充缺失部分再复制原器的花纹、纹饰、形状。如果缺失面比较大，可以根据残缺情况复制相同部件或反相部件，或者截取后再镜像一下，之后复制纹饰和颜色，这样便能减轻传统修复中翻模对文物本体造成的伤害。

运用 3D 打印技术进行青铜文物的修复与复制，主要分为以下 4 个步骤。

第一步，准确获取数据：通过三维扫描仪采集文物高精度三维数据。较为常见的扫描仪有白光扫描仪和 JD-scan 双目光学测量机，白光扫描仪同自然光一样，对文物表面色彩等损害比较小。采集时间与器物大小、复杂程度有关，如稍大的陶罐数据采集约 10 min。

第二步，高度处理数据：利用计算机三维软件建模。通常采用

CAD 等矢量建模软件，数据精度为 0.03 mm。采集到的数据信息输入计算机进行相应的图像处理后得到三维的数据点云，在计算机上进行数据处理需要 10~20 min，经过处理的矢量可以按照展览的尺寸需要，等比例放大或缩小。

第三步，三维数据的输出：3D 打印成型。打印的机器有很多种，常规采用光敏树脂液化打印，通过激光在液体材料聚焦固化成型，精度为 0.05 mm。此外，也有粉末状、丝化、片状的固体材料逐层打印，通过电脑控制，采用分层加工、叠加成型方式，根据数字化图形信息打印生成所需的形状。

第四步，后期细节处理：传统方法作旧。在不同环境下保存的铜器，根据锈蚀成因的不同，器表颜色也是不一样的。即使是同一件铜器表面，也会产生丰富的色彩层次。在处理三维数据时，很容易造成颜色的失真，因此机器操作一般很难把握铜器表面的颜色。这时就需要后期人工处理，运用传统方法手工调和颜料，通过点、弹、拨、吹、刷等技法模仿铜器表面锈蚀，从而还原铜器的原始风貌。

工业 CT

工业 CT 是工业计算机断层成像技术（Computed Tomography）的简称，它利用 X 射线从多重方向穿透断层，通过探测器探测特定区域的射线透照率，接受 X 射线强度，计算线性衰减系数并用 CT 值数据重建获取内部结构，凭借二维断层或三维立体图像的形式，准确直观地显示被测物体内部的结构、材质和完损情况。工业 CT 由射线源、机械扫描系统、探测器、数据采集系统、计算机系统、屏蔽设施、图像存储显示系统等部分组成。它是 X 射线技术与计算机技术相结合的产物，弥补了 X 射线实时成像图像模糊等缺点，在器物的定性定量检测方面产生了深远的影响。

早在 20 世纪 60 年代，工业 CT 凭借其定性的测量手段就已崭露头角，引起工业制造界的重视；70 年代被大量应用于科学研究中，80 年代国外的博物馆已开始应用，在文物藏品的科技分析方面显示出独特的优势；21 世纪，工业 CT 已在航天航空、交通运输、机械制造、国防军工等先进制造技术行业得到广泛应用，是一种较为理想的无损

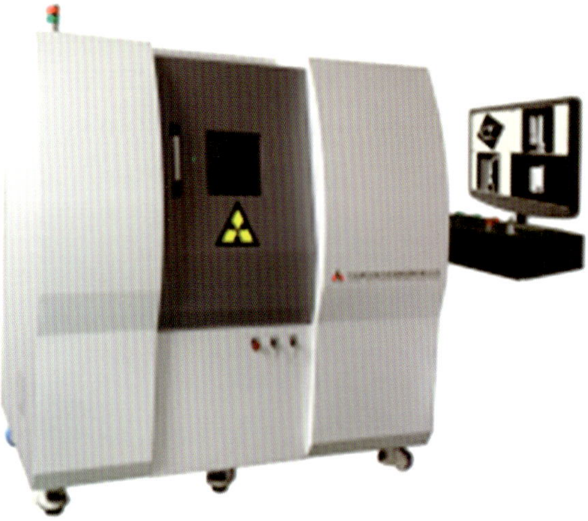

图 3-58
工业 CT 机

检测手段。

在文物修复领域，由于器物造型的迥异，文物内部结构特征不能被直观地识别出来，所以传统的修复与检测不能完全揭示青铜文物内部的病害情况，需要借助 CT 断层扫描技术对内部组织和锈蚀情况进行图像解读，从而开展相应的后续保护与修复工作。受到考古工地时空与发掘条件的制约，一些出土的密封器物可能会被转移到实验室中进行解析、记录与研究。借助 CT 扫描技术，考古人员能预先知道器物的内部状态，利用 3D 打印预先打印出来进行观察，从而为下一步的实验考古提供依据。此外，工业 CT 能更大限度地揭示古代工艺技术水平，对于保护文物的历史与科学价值具有重要意义。

近年来，我国文物保护与修复领域不断拓展新的方法与技术，工业 CT 就是其中之一。2004 年，山西省考古研究所陈慧能等人利用工业 CT 对陕西历史博物馆的汉棘轮和倒流壶进行 CT 断层扫描，从 CT 图中得知，该器物是人工铸造而成，有多处砂眼和孔洞的内部缺陷，锈蚀情况也比较严重。2013 年，邓阳全等利用高精度计算机断层扫描系统通过数字成像和锥束扫描两种方式扫描馆藏文物铜香薰，重建香薰的三维 CAD 模型。通过三维数字成像图，观察文物完残断裂情况，被覆盖的纹饰或铭文情况，反映其相关的结构特征、古代及近代修复痕迹。2014 年，重庆市文化遗产研究院叶琳运用重庆大学 ICT 研究中心的 CD-600BXA 工业 CT 机对绵阳博物馆的铁质熏炉和铁质钩镶进行了初步分析，选择器物横截面作为断层扫描位置，并针对扫描图像研究了其组配结构关系，查明了炉环与口沿、镶板与铤架的连接方式。2015—2016 年，上海博物馆考古部对青龙镇遗址进行了考古发掘，实验室通过对隆平寺塔基地宫出土的套函进行 CT 扫描，获取套函内部的器物组合与叠压关系，并用数字建模技术将佛珠底部的银质莲花进行了复原。得到套函内的三维结构图像和测量数据，考古工作人员便能在不损伤文物的前提下预知尺寸信息、查明文物属性、考证历史源流，可以对缺失的部分进行还原填充，对变形的部位进行预整修，同时制定相关的保护修复方案，大大提高了保护修复的工作效率。南京博物院运用工业 CT 对馆藏铜鎏金佛像进行了无损检测，使文物修复者和研究人员可以快速了解其内部构造，并为进一步掌握文物的制作工艺等提供较大的便利条件。对院藏南朝鎏金佛像保护修复时，通过使用视频显微镜观察有害锈生成结构及其对佛像侵蚀的情况，以便做进一步处理。

工业 CT 机的常规电压设置在 10~450 kV，电流范围 0~15 mA，分辨率≤ 0.1 mm。工业 CT 生成的图像主要有 3 种，分别为 DR 图、CT 图和三维立体图像。DR 图是检测对象内部结构的叠加影像，主要用来精准定位需要实施断层扫描的部位，同时通过调节电压和电

图 3-59
南朝鎏金佛像的内部观察

流的数值确定最适宜参数，使得扫描穿透整个铸件。CT 图是断层扫描图，用于反映内部结构和测量尺寸，对检测对象的放大、缩小比例严格控制，可以就任意尺寸精准测量。三维立体图像主要用于观测内部空间分布，设备空间分辨率越高，图像便越清晰，测量精度也越高。

我国工业 CT 机的空间分辨率已经达到微米级的测量精度，基本能够满足各项常规检测实验。扫描层距、X 射线源焦点、滤波片的选择是成像的几种关键因素。增大层距可以节省扫描时间，但缺点是判别精准度会降低；焦点越小，分辨率就越高；滤波片的厚度增加，扫描时间便相应增加。相较于传统手段，工业 CT 的优势体现在以下几点。

第一，不受被测器物的结构、材料和情况等限制，在保证安全的情况下，不接触文物本体，即实现文物无损检测。

第二，成像简单直接，能清晰、精细地反映被测物体内部组成结构和装接形式，便于后期对产品进行优化处理。

第三，精确测量零部件的尺寸数值，快速创建具有复杂内部结构的产品模型，可高效批量化生产。

第四，识别器物物理性能缺陷，如裂纹、孔隙、砂眼及影响性能的各种锈蚀成因，及时发现并处理病害，从而延缓腐蚀速率，确保其高质量。

第五，逆向工程应用，它是从样品到图纸再到产品的生产过程。

目前，工业 CT 被广泛应用于文博各个领域，尤其在研究陶瓷、金属铸件方面有较为良好的应用前景。不过，工业 CT 也有其缺陷：设备昂贵、投入成本较高是阻碍其推广应用的主要因素；体积庞大，携带不便，无法到现场进行文物扫描；耗时较长，高精度地扫描一件文物需要较长的时间。

总之，工业 CT 非常适合用于文物研究，特别是珍贵文物，利用无损检测获取更多的文物信息，为古代历史研究和文物保护提供科学依据。运用工业 CT 不仅能准确了解文物的结构信息，也能为同类型文物的保护研究提供参考资料。工业 CT 的应用前景广阔，能为科技保护与文物研究奠定坚实的基础。

X 射线检测分析技术

1895 年，德国科学家伦琴在实验中发现了一种新型射线——X 射线。1948 年，世界上第一台 X 射线荧光光谱仪投入生产使用。20 世纪 50 年代，牛津大学考古研究室率先使用 X 射线荧光分析技术，由此，该技术在国际上得到普遍推广与应用。20 世纪 70—80 年代，特别是改革开放以来，我国的 X 射线监测分析技术得到了快速发展，尤其在陶瓷、金属、玉器、丝织品等文物考古研究中取得了一系列丰硕的成果。X 射线检测分析技术是文物科技保护工作中最重要的文物无损检测手段之一。根据文物检测与保护原理及其属性的不同，常见的 X 射线检测分析技术有 X 射线荧光光谱分析法、X 射线衍射分析法和 X 射线光电子能谱等。

X 射线荧光光谱分析仪（XRF）

便携式 X 射线荧光光谱分析仪因其操作简单、方便携带、无损分析等特性，受到行业专家人员的青睐，现已成为国内外各大考古所、博物馆、实验室、研究所甚至考古发掘现场，检测分析文物组成成分及含量的首选方法之一。其原理是将 X 射线投射于被测物体上，激发出样品成分的荧光 X 射线，通过测定特征 X 射线光子的强弱来检测物质元素成分。根据色散与探测方法的不同，X 射线荧光光谱分析法可分为两类：波长色散 X 射线荧光光谱法（WD-XRF）和能量色散 X 射线荧光光谱法（ED-XRF）。前者是按波长进行分光，分别测量不同波长的 X 射线强度，进行定性和定量分析；后者通常由 X 射线光管发出初级 X 射线，经过光学系统聚焦，将光斑照射在样品表面上，样品受到激发产生二次 X 射线荧光进入固体半导体探测器中，再经过多道脉冲分析器把模拟信号转换成数字信号，据此进行定性和定量分析。

在检测分析过程中，首先要选择具有代表性的坐标点，如根据铜器锈蚀程度的不同，选择锈层较薄和较厚的位置；或根据装饰技法的不同，选择表面鎏金、镶嵌宝石和素面无装饰的部位；或根据器物位形态的不同，选择器物口沿、颈部、足部、腹部的点进行测试。尽可能均匀覆盖全部文物信息，为原始资料的数据收集提供便利。随后，使用便携式 X 射线荧光光谱分析仪，测试时间为 1~1.5 min，X 射线执行 8 mm，完成定性扫描分析后用基本参数法程序进行定量分析。

X 射线荧光光谱分析仪的优势在于：通过研究文物材料，确定文物的物理分子结构和化学元素组成成分，查明文物的形成过程与机理；分析文物的埋藏环境和保存环境，确定文物的保存情况，对环境破坏因素进行预判，更好地指导文物保护工作；分析铜器的腐蚀产物、纸张的老化机理、石质文物的风化产物及其他不同类型文物的质变产物，测量范围广泛，为古代文物的分析研究提供坚实的科学依据和技术基础；无损检测分析，无需取样，不接触文物内部，不会对文物本体造成伤害。例如，南京中山陵风景区藏经阁广场中心的孙中山铜像，经过多年日晒雨淋，表面多处大面积出现白色锈蚀，利用便携式 X 荧光光谱仪，检测出白色物质中含有铜、锌和铅，形成的白色或淡绿色物质为无机盐，从而排除了白色物质为鸟粪的假设。同时检测到没有变色的部位主要成分为硫化铜，确定当年铸造该铜像时，对表面进行了硫化处理的化学作色，使得铜像颜色呈现黑色。

X 射线荧光光谱分析仪的不足之处在于：样品室较小，操作平台范围小，无法满足稍大一些文物的分析；数据库尚未完善，缺乏系列的标准样品；无法多点聚焦，不能对高度差较大的器物进行精准扫描；容易受外部环境或人为操作过程的影响，监测数据存在一定的偏差。

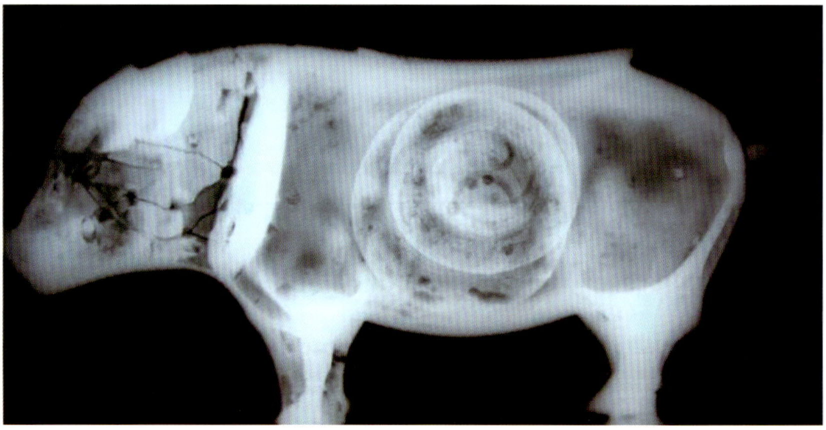

图 3-60
X 射线检测青铜猪尊

X 射线衍射分析仪（XRD）

利用 X 射线在被测样品上产生衍射，对物质内部原子空间分布的情况进行研究，主要由 X 射线发生器、测角仪、计算机数据处理器等组成。X 射线照射在样品上会得到物质的衍射花样或衍射线条谱图，据此判断物质的性质。再根据衍射线的强弱，从而实现对混合物中各分含量的定量分析。期间，改变入射角度和衍射角度，检测并记录衍射 X 射线的强度，可以得到 X 射线衍射谱图。用计算机解析在谱图中出现的峰的位置和强度关系，可以对物质进行定性分析和定量分析。根据其腐蚀产物成分的不同进行有选择性地清理或去除，在青铜器腐蚀产物的成因及化学机理的研究与处理中发挥着关键作用。X 射线衍射分析仪能够对各类文物材料及腐蚀产物进行定性和定量分析，形成微区形貌成分分布图像等，包括金属器锈蚀物和玉石器、壁画、陶瓷器上的结晶物质。

例如，曾侯乙编钟复制研究组通过 X 射线衍射发现中层甬钟中甬是中空的，内部泥芯犹存。山西博物院解晋对馆藏太原赵卿墓及长治分水岭墓等出土的青铜器进行 X 射线成像分析，发现其腐蚀的表现形式主要有基体矿化、点腐蚀、缝隙腐蚀和暗裂纹等，直观反映了文物的铸造工艺、加工技术、装饰铭文等信息。西北大学郭振琪等人对秦俑一号铜车马构件材质、金银器及其锈蚀产物、彩绘、涂层做了系统的 X 射线衍射分析，揭示了青铜器锈蚀的主要反应过程，银器的锈蚀产物为氯化银和硫化银，并通过对银器的锈蚀机理进行比较，得出青铜器文物保护的侧重点在于防潮的结论。

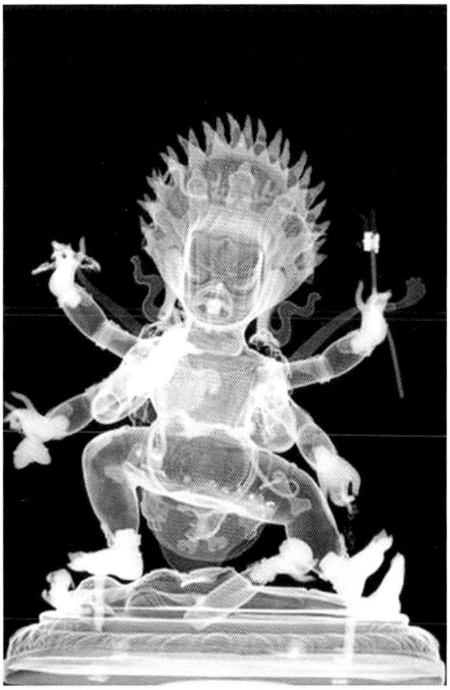

图 3-61
X 射线检测青铜造像

虽然，X 射线衍射在物质的结构分析方面功能强大，但也有其不足之处：局限于无机物质的检测分析，不能很好地获取有机质成分组成信息；由于测角仪空间狭小，操作平台有限，采样需要对样品进行粉碎与研磨处理，使用范围有限；定量分析的精度不高，需要与 X 射线荧光光谱仪、扫描电子显微镜等分析仪器结合使用。

X 射线光电子能谱（XPS）

利用 X 射线辐射待测样品，激发样品表面原子或分子内层的电子，发射出光电子。以光电子的动能、束缚能为横坐标，以相对强度为纵坐标，做出光电子能谱图，以获取样品相关信息。根据能谱图中特征谱线的位置，可分析除氢、氦以外的所有元素，也可根据能谱图中谱线的强度计算原子的含量或相对浓度。XPS 的谱线数据有标准手册可查，主线的 BE 值在定性中起到关键作用。它是一种表面分析方法，提供的是样品表面的元素含量与形态，其信息深度为 3~5 nm。如果利用离子作为剥离手段，利用 XPS 作为分析方法，可以实现对样品的深度分析。后期处理中，数据库将处理分析结果与基础信息数据库进行比对，可以对文物进行产地分析，通常使用 SPSS 软件对数据进行描述性分析、聚类分析、判别分析、主成分分析、因子分析和对应分析。

总之，各种成分分析手段都有其利弊，如 X 射线荧光光谱分析凭借其分析速度快、无损害等优势在陶瓷考古中应用最为广泛，但它易受样品的不均匀性而产生误差；扫描电镜定性分析灵敏度高，但定量分析灵敏度相对较低。因此，在当今文物检测保护实验中，为了对文物断年、产地与矿料来源、制作工艺、保护修复方面进行综合研究，学者们往往会运用多种检测技术，相互结合、取长补短，综合各方优势以达到最佳的保护分析效果。

拉曼光谱技术

1928 年，印度科学家拉曼（C. V. Raman）发现了“拉曼效应”，便以其名字命名。一束单色光（单波长）投射到材料上，绝大多数的光在不改变颜色的前提下发生散射（瑞利散射光），还有一小部分的光（通常约千万分之一）发生颜色轻微变化的散射，这便是拉曼散射。因为光与材料的振动发生了能量的交换，也使得拉曼散射成为探测材料振动的有力工具。拉曼光谱技术主要有表面增强拉曼光谱、针尖增强拉曼光谱、共振拉曼光谱、共焦显微拉曼光谱和傅里叶变换拉曼光谱等。拉曼光谱技术可用来完成材料的鉴定、材料特性的研究和空间分析，应用范围遍及化学、物理学和医学等各个领域。使用拉曼光谱仪的主要目的就是分析拉曼散射光，并尽可能多地从中获得材料的化学和结构方面的信息。

显微拉曼光谱仪通常由单色光源（一般为激光）、显微镜（将激发光照射到样品上并采集散射光）、全息陷波滤波片或介电带通滤波片（滤除所有其他光，仅保留拉曼散射产生的极小部分的光）、像衍射光栅（将拉曼散射光分成很多不同波长的光）、CCD 相机（探测散射光的光敏器件）和计算机控制分析系统（一台控制仪器和马达，分析和储存数据）构成。使用方法一般包括系统开启、准备样品、显微镜操作和保存数据等。在操作过程中，还应注意以下几点。

第一，样品准备过程中，注意样品粗糙度，使成像扫描的区域尽量平整；透明或半透明样品注意衬底，某些衬底的拉曼或者荧光信号

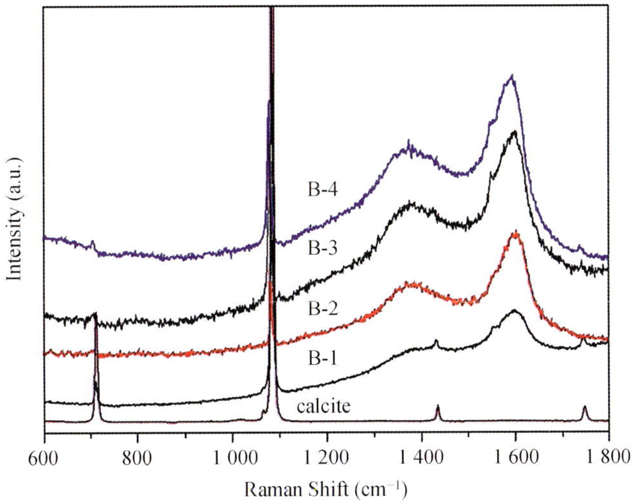

图 3-62
拉曼光谱技术分析

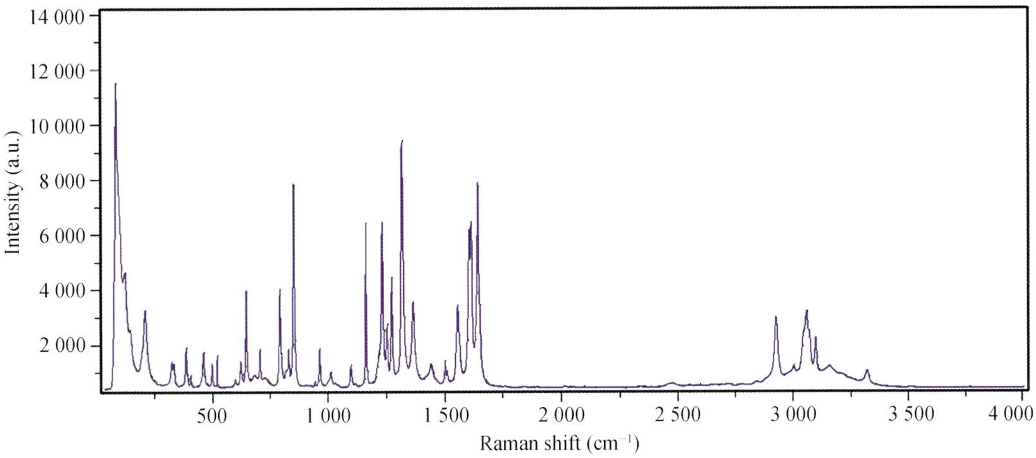

图 3-63
拉曼光谱峰位对照表

可能会掩盖样品的拉曼信号，应尽量避免；将样品固定在样品台上，确保在成像扫描过程中，样品位置的准确性和可重复性；物理接触最好，必要时利用磁条、胶带、夹具等。

第二，激光扫描时，为避免损坏样品，激光功率应由小到大进行调试；为防止样品灼烧或结构变化，可采取减小功率、利用低放大倍数的物镜、采用线聚焦（选配）、采用扩束器扩束和换激发光等措施。

第三，处理多光谱文件数据时，需要去除宇宙射线和光谱噪音，可以通过最相似近邻光谱相同位置的强度值代替宇宙射线处的强度值或使用软件中自带的宇宙射线去除功能来区分宇宙射线与真实拉曼光谱；噪音过滤处理对于数据集中且有大的明显光谱变化的数据非常有效，需要依次浏览每一种成分并仔细确认，从而保留数据的阈值，一般情况下两个值之间的连接处就是设置阈值处。

20 世纪 80—90 年代，随着我国科学技术的发展，国内拉曼光谱技术的应用更加普遍，在文物研究和保护领域发挥了重要的作用。它对于金属、陶瓷、石刻、玻璃等无机质类文物和纺织品、竹木漆器、古籍、骨角器等有机质类文物，甚至是壁画、彩绘等复合类文物都具有独特的优势。便携式拉曼光谱仪的出现，为大型不可移动文物如石建筑、石窟、大型石雕等无损检测创造了条件。目前，拉曼光谱在不同类型文物上的应用主体，除了文物自身材质外，主要集中于各类文物上的彩绘物质（颜料或染料），特别是在古代彩绘文物及其颜料胶结材料的分析上。在实验过程中，拉曼光谱的应用往往会辅助多种科技分析方法，如电子探针技术、质子激发 X 射线荧光、X 射线衍射技术、红外光谱等，发挥各自的优势，相互补充印证。检测分析过的无机、有机物质种类越来越多，与其对应的数据库不断建立与完善，人们可以通过拉曼光谱更直接、快捷地得到古代文物的理化结构与形成过程，从成分含量、元素组成、元素价态、分子结构多个角度更准确有效、更全面深入地获取文物的理化属性和特征。

近年来，拉曼光谱技术在青铜器文物中的研究也取得了非常大的收获。例如，云南楚雄师范学院王怡林用显微激光拉曼光谱辅以电子探针技术，对云南古代 4 件青铜器表面的腐蚀产物进行了测试分析，发现春秋战国时期使用锡的氧化物涂层进行表面防腐，元代则采用表面合金加工技术来防腐。云南楚雄师范学院杨群对云南楚雄万家坝出土的古青铜矛进行无损研究，确定其腐蚀产物的成分及在样品上的位置，分析出青铜矛经历的腐蚀环境。中国科学技术大学与蓬莱市登州博物馆对馆藏的10件腐蚀严重的青铜器进行形貌观察、光谱分析、物相分析和成分分析，发现粉状锈的主要成分氯铜矿、副氯铜矿是造成“青铜病”的主要因素。西北大学贾腊江对陇南（礼县）、宝鸡(陇县、凤翔县)，以及陈仓区博物馆和西北大学文保实验室的24件青铜器进行断面夹杂物拉曼光谱检测分析，发现外界腐蚀因素（水、溶解氧和碳酸根等）能够通过合金中相界间通道进入铜器内部，在相界表面逐步发生反应形成腐蚀产物。总的来看，国内青铜文物保护领域运用拉曼光谱技术逐渐从测试分析表面锈蚀产物成分过渡到分析并文本解读腐蚀过程及形成机理，为更好地延缓青铜器的锈蚀提供了大量的科学依据和技术手段。

相较于传统的手段，拉曼光谱技术作为物相结构分析手段有其独特的优势：测试区域可以达微米级，空间分辨率与分析精度高；无需或仅需简单制备样品，取样仅需几克，对于样品量的要求很少；被测样品可以是固体、气体或液体，黑色、深色样品均可，无机、有机或含水样品均可测量；样品可在玻璃容器中测量；分析速度快，结果准确；CCD探测器噪音低，热点冷却，灵敏度高。

当然，拉曼光谱技术也有其不足之处，主要体现在以下几个方面。

第一，对于实验室环境的要求较高。在场所方面，系统应该远离门、过道或开着的窗户（有振动和气流会影响系统性能），空调通风口（有温度梯度或灰尘污染），振动源和噪声源，变压器和其他高压源/电源，电子干扰源（如电源变压器、超声波和微波装置）；在电源方面，需要保持供电稳定，有时需配备稳压电源或不间断电源；在温湿度方面，建议24 h维持温度在25 ± 3 ℃（温差过大会导致光路较大的偏移），24 h维持相对湿度≤ 50%（防止系统部件潜在的退化和损坏）。

第二，需要定期检查维护、优化光路，保证最佳测试性能。

第三，需要谨慎选择激光器，激光功率过大会使样品灼伤或结构发生变化。

近年来，随着纳秒、皮秒等各种激光器的问世，以及其他光谱技术的不断革新，进一步拓宽了拉曼光谱的应用范围。在文物考古方面，为人们了解微观反应过程及解释产生现象的原因提供了渠道，尤其在考古年代的测定、文物真伪的鉴别、腐蚀机理与聚合物的研究方面最为优越。对于金属文物来说，金相研究、微量元素和同位素溯源分析等方法已经十分成熟，但都需要对金属本体进行破坏性的取样，因此通过拉曼光谱技术对金属锈蚀层分析来获取相关数据的研究越来越多，在未来具有无限的发展潜能。

红外光谱分析

光谱区按照波长或波数可以分为不同的区域，而在光谱分析中，最常用的是紫外线光谱区、可见光区和红外光谱区。整个红外光谱区域又可以分为近红外（780~2 560 nm）、中红外（2 560~25 000 nm）和远红外（25 000~2 000 000 nm）3 个光谱区域，分子的吸收光谱广泛分布于其中。在近红外区域大部分的吸收峰是氢伸缩振动的泛频峰，这些峰可用于研究如 -OH、-NH、-CH 等基团；中红外区即基本振动频率区，应用最为广泛，可以用来测定有机化合物和许多无机化合物；远红外光谱可以给出转动跃迁和晶格的振动类型及大分子的骨架振动信息。

分子的拉曼光谱主要是由分子对光谱波段的散射作用引起的，而红外光谱分析可与之互补，它利用的是分子对红外光区电磁波的吸收光谱来进行分子结构定性、定量分析。根据光吸收的基本定理可知：当吸收层厚度一定，一束单色平行光垂直通过某一均匀非散射的吸光物质时，其吸光度与吸光物质的浓度成正比。红外光谱的吸收峰与物质的结构和组分的含量有关，这也是红外光谱测定化合物结构、定量分析的理论基础。红外光谱分析常与激光拉曼光谱分析相结合进行比较研究，并辅以 X 射线衍射分析和 X 射线荧光光谱分析手段，几种测试结果之间可以相互补充。它能对物质中的多组分含量同时进行检测分析，因此在生物制药、食品分析、农业烟草、环境监测等方面都具有广阔的前景。

20 世纪 40 年代以来，红外光谱逐渐发展起来；50 年代，以棱镜为红外辐射的色散，实现分光的双光束记录，以及红外分光光度计得到应用，但分辨率较低，不能满足日益发展的科技需要；60年代，以光栅的衍射实现分光的光栅式红外光谱得到普及，分辨率相对提高且成本降低，对温湿度等环境要求也没有那么严格；70年代以后，基于干涉调频分光的傅里叶变换技术及其他新科技迅速发展，红外吸收光谱的精度、灵敏度都大大提升，也为红外光谱的应用开辟了新的领域。

在文物检测与保护中，红外光谱分析近年来主要应用于有机质文物，如纺织品、漆木器及青铜器的锈蚀产物。通常情况下，与其他几种定性定量分析技术联用，如先采用扫描电镜观察形貌、金相组织和晶体结构，再用X射线衍射、红外光谱和激光拉曼光谱分析结构与组成成分。

2009年，周旸在《脆弱丝绸文物的化学加固研究》一文中使用傅里叶变换红外显微镜对比了8种加固剂（Paraloid B72、Paraloid B48、聚乙烯醇、热塑性丙烯酸丁－甲共聚物乳液、纯净丙烯酸树脂、明胶、羟甲基纤维素钠和琼脂）的组成，并进行老化性能测试，遴选出B72对丝绸文物进行加固。2015年，张杨等对山东沂源出土的一件战国时期的皮囊残片进行了全反射式红外光谱测试并结合扫描电镜分析验证，判定这一皮革文物的材质为羊皮革，初步建立了皮革文物材质种类鉴别的技术路线。2017年，西北大学马珍珍以维也纳艺术历史博物馆的动物胶（骨胶、兔皮胶、鲟鱼胶）和蛋清为研究对象，利用红外光谱技术结合酰胺Ⅰ带去卷积和高斯拟合法，研究光老化过程中蛋白质二级结构的改变，其转化机理还需后期进一步探讨。2018年，中国科学技术大学俞翔在《南昌海昏侯墓出土植物遗存降解及变色机理研究》一文中使用FT-IR对古代样品和现代对照样品中分离出的酸不溶木质素进行分析，对比现代与古代大麻木质素、现代与古代瓜子木质素的红外光谱图，探究海昏侯墓植物遗存在埋葬过程中的降解作用，揭示了古代大麻的降解情况较严重，而古代瓜子样品保存情况较为完好的原因：瓜子样品本身的结构更耐微生物腐蚀，同时含有大量可以抑制微生物活动的铜元素。2019年，陕西省文物保护研究院董少华等人以扬州曹庄隋炀帝墓中的五足香炉、灯台和萧后礼冠结构框架表面的锈蚀产物为研究对象，用傅里叶变换显微红外光谱透射法对青铜锈蚀进行鉴别，结果表明该方法能够简单、高效并准确地鉴别“粉状锈”，对于青铜锈蚀产物的分析具有重要意义。

傅里叶变换红外光谱是将红外光谱与傅里叶变换的处理方式相结合的分析方法。光射到样品，由于某些频率的能量被吸收了，一些相应的变化会产生在所得到的干涉图强度曲线上，利用傅里叶变换技术，可将干涉图上每个频率转变为相应的光强，以此获得完整的红外光谱。根据光谱图的不同特征，可实现对未知物官能团的鉴定、化学结构的测定、化学反应历程的检测、同分异构体的区别和物质纯度的分析等。

与传统红外光谱压片法或涂膜法相比，傅里叶变换红外光谱技术优点明显：适用于各种可研磨的固体类有机物、高分子化合物、无机化合物，以及各种液体化合物的测定；对绝大多数的物质而言，无需分离试样和压片，可以保持原有的形态，尤其是晶体无需压片，可以保持原有的晶体结构，实现无损检测；显微红外能形成吸收峰的图像，根据特征吸收峰在样品中的分布，判断官能团的空间分布；对样品需求量少，可直观观察待测样品，准确确定检测位置；速度快、质量高、耗时少，仅需几秒就可完成检测一张准确有效的红外光谱图，能及时得出结论，信噪比和分辨率均高。不过，傅里叶变换红外光谱技术对于环境的要求比较高，需要干燥的环境，保持温湿度常量。

总体而言，红外光谱技术对于各种氧化物成分分析较为精确，长于有机物质而弱于无机物质。

电子显微系统

电子显微镜（简称电镜）是根据电磁学原理，采用电子束和电磁透镜来代替光束和光学透镜，使物质的细微结构在非常高倍数下成像的仪器。1926 年，汉斯 · 布什研制了第一个磁力电子透镜。1931 年，厄恩斯特 · 卢斯卡和马克斯 · 克诺尔研制了第一台透视电子显微镜。1938 年，德国的阿登纳成功制造出第一台扫描电子显微镜。

电子显微镜由镜筒、真空装置和电源柜 3 部分组成。镜筒中最重要的部件是用来聚焦电子的电子透镜。现代电子显微镜大多采用电磁透镜，利用很稳定的直流励磁电流通过带极靴的线圈产生的强磁场使电子聚焦。电子源能发射并形成速度均匀的电子束，加速电压的稳定度要求不低于万分之一。样品可以稳定地放在样品架上，一般还有可以用来改变样品（如移动、转动、加热、降温、拉长等）的装置。真空装置用以保障显微镜内的真空状态，这样电子在其路径上不会被吸收或偏向，由机械真空泵、扩散泵和真空阀门等构成，并通过抽气管道与镜筒相联接。电源柜由高压发生器、励磁电流稳流器和各种调节控制单元组成。

电子显微镜按结构和用途可分为透射式电子显微镜（常用于观察那些用普通显微镜不能分辨的细微物质结构）、扫描式电子显微镜（主要用于观察固体表面的形貌，也能与 X 射线衍射仪或电子能谱仪相结合构成电子微探针，用于物质成分分析）和发射式电子显微镜（用于自发射电子表面的研究）等。其中，扫描电子显微镜（SEM）是介于透射电子显微镜和光学显微镜之间的一种技术，目前的分辨率可以达到 1~5 nm，倍数可以达到 30 万倍。它的工作原理是将精细聚焦电子束用电子枪发射到样品表面，通过电子与样品相互作用激发出次级电子、背散射电子等，探测体收集后，从光信号转变为电信号，显示出与电子束同步的扫描图像，对样品表面或断口形貌放大成像并进行微观形貌观察和分析。扫描电子显微镜的标本在检验前要进行固定、脱水处理，再喷涂上一层重金属微粒，重金属在电子束的轰击下会发出次级电子信号。

1965 年，英国制造出第一台商用扫描电镜，历经数十年的发展，该技术现已成为文物分析检测常用的测试手段之一。它可用于金属、陶瓷等固体样品的微观形貌观察，相、组织和晶体结构的分析，微区化学成分检测等，也可用于纺织品、皮毛织物、骨角器的类别判断、劣化分析、加工痕迹研究等。扫描电镜所需样品量很少，在文物保护与修复方面，广泛应用于文物样品的微观形态形貌观察。扫描电镜和其他分析仪器相结合，可以在观察微观形貌的同时进行物质微区成分分析。2003 年，英国雷尼绍（Renishaw）公司推出商业扫描电镜－拉曼光谱联用系统，标志着扫描电镜与拉曼光谱技术相结合的系统已开始投入商业生产。2008 年，意大利博洛尼亚大学开创性地将扫描电镜－拉曼光谱联用技术运用于文化遗产保护科学领域后，该技术被更广泛地运用于文物保护与研究中，有助于了解陶瓷器、金属器、金银器、拓片、漆木器等的制作工艺、装饰技法、病害成因，并能探明病害机理及其过程。

在纺织品文物保护中，通过扫描电镜可以确定老化程度、实际保护效果并进行表面形态分析和元素分析。例如，张懿华等运用环境扫描电镜对不同丝胶含量的人工老化蚕丝纤维进行了纵横向形貌观察，从而判断古代出土丝织品的含胶量；张晓梅等根据扫描电镜观察到的裂隙、断口的多少来确定丝织品的相对老化程度；周旸等使用扫描电镜对已保护加固过的黄地飞鹭云团花纹锦进行观察，对比文物加固前后形貌的变化；吴昊等运用生物技术对糟朽丝织品进行加固保护，同批次加固的残片经扫描电镜观察可知，整体上没有对纤维的原有形貌造成明显的影响；郭丹华等运用扫描电镜观察新疆营盘出土丝纤维断口的形貌，从而分析出纺织品纤维老化情况与埋藏环境的关系；刘秋香等运用扫描电镜对战国时期的丝织品表面纤维进行了形貌分析，从形貌变化来了解丝织品的降解情况；龚德才运用扫描电镜 - 能谱仪来分析古代丝织品蛋白质纤维中的铁、铝与硫的比例；王厉冰等运用扫描电镜观察经过髹漆的丝织物，探明涂漆丝织物表面出现裂缝的原因；王芳芳等利用扫描电镜对经过光、热和水解人工老化的丝织品进行微观形貌观察分析，获得了纤维结构并进行了老化程度及原因的分析研究。

在青铜器的保护领域，学者们也做了相应的探索。例如，杨菊利用金相显微镜和扫描电镜对北京大兴高米店汉墓出土的两件铜镜进行科学检测，金相分析和扫描电镜能谱分析显示，两件铜镜都是含锡约 24% 的高锡青铜镜，含有少量铅，铸造成型，属于汉代主流的合金技术和成型技术；杨小刚对重庆云阳李家坝遗址出土的汉代鎏金青铜器进行环境扫描电子显微镜形貌观察和成分检测，结果表明李家坝出土铜器表面剪金箔工艺与文献一致，制作金箔或金汞器时采用了汞作为原料，鎏金层的腐蚀产物是硫化银；闫晨曦采集了云阳李家坝的青铜器锈蚀样品进行物相和成分分析，运用扫描电子显微镜（SEM）观察青铜器的腐蚀形貌并分析锈蚀的元素组成；周双林对一件疑为赝品的青铜器进行电镜扫描观察，发现其不是铸造制作的金属物品，而是颗粒状物质混合而成，不具备青铜的组织结构，确定其为赝品。

在纸本文物、彩绘文物、竹木漆器的保护研究方面，学者们也做了相应的探索。例如，重庆中国三峡博物馆周理坤等对荷兰汉学家高罗佩先生的后人捐赠的清代漆雕彩绘屏风进行无损分析，将超景深显微镜、便携式荧光光谱仪、扫描电镜能谱仪等相互配合使用，对比其制作工艺与传统剔红工艺所用原料的不同之处；四川博物院杨娟使用扫描电镜和超景深显微镜对泸县博物馆的一幅清代扇叶裱件进行了分析，观察此霉变书画表面的菌落结构和形态，结果显示毛壳菌对纸张的纤维结构有较大的破坏作用，应及时调整保存环境的温湿度来抑制毛壳菌的繁殖；2018 年杨娟使用扫描电镜对馆藏《明拓泰山金刚经拓本》的纸张纤维进行微观形貌观察，发现拓片用纸主要是棉纤维和竹纤维混合抄造的，进而为拓片病害分析和保护修复技术路线的制定提供参考；陶质彩绘文物保护国家文物局重点科研基地工作人员从彩绘文物的颜料颗粒微观形貌、彩绘层结构观察与分析、保护材料效果评估和病变研究 4 个方面，论述了扫描电子显微镜及能谱仪（SEM-EDS）可对文物材料微观形貌观察的同时进行元素定性分析的常用表征方法。

扫描电子显微镜能够直接观察到样品表面的结构形态，制样简单，无需切片，景深较大，图像的放大范围广，分辨率也较高，可放大到十几倍到几十万倍。普通电子显微镜无法对活态样品进行观察，而环境扫描电镜将逐渐实现直接对活样本的观察，因此扫描电子显微镜现在被广泛地使用于文物组织结构观察分析方面。然而，由于电荷作用，带电样品常常发生不规则放电，容易引起图像紊乱与畸形，增加了此后分析图像的难度，后期维护与保养也较为复杂。

第四章 苏派青铜文物保护修复步骤

一 青铜器病害特征

青铜器的病害包括残缺、裂隙、变形、层状堆积、孔洞、瘤状物、表面硬结物、通体矿化、点腐蚀、缝隙腐蚀和全面腐蚀。残缺是指青铜器受物理和化学作用导致的基本缺失。裂隙是指青铜器表面或内部开裂形成的缝隙。变形是指青铜器因受外力作用导致形状发生的改变。层状堆积是指青铜器因发生层状腐蚀而导致其腐蚀产物分层堆积的现象。孔洞是指青铜器腐蚀形成的穿孔现象。瘤状物是指青铜器表面的瘤状凸起物。表面硬结物是指青铜器表面覆盖铭文和花纹的硬质覆盖层。通体矿化是指青铜器因腐蚀程度过重而导致器物整体呈酥松发脆状态。在点或孔穴类的小面积上的腐蚀叫点腐蚀。金属表面由于存在异物或结构上的原因而形成缝隙，缝隙的存在使得缝隙内的溶液中与腐蚀有关的物质迁移困难，由此引起的缝隙内金属的腐蚀叫缝隙腐蚀。全面腐蚀是指腐蚀分布在整个金属表面上。

图 4-1
青铜器病害图示

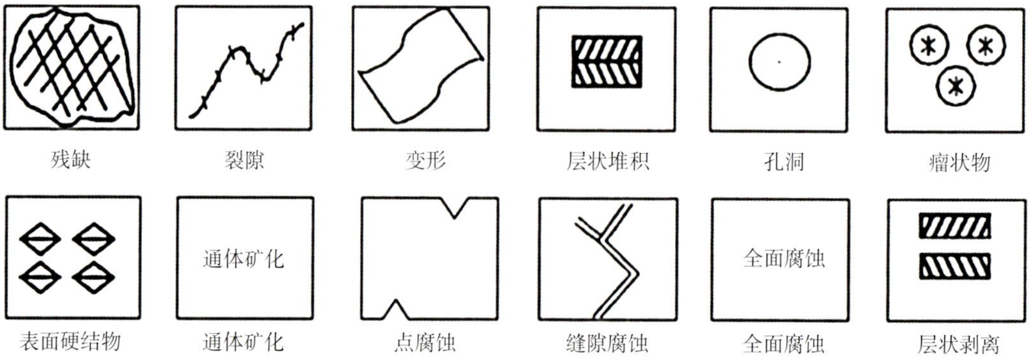

青铜器一般为铜锡合金，也有的为铜、锡、铅合金，不同产地的青铜器，其矿料来源、分子结构、化学成分和工艺制作皆不相同，导致其基本成分的组成情况也各不相同。不同的成分与埋藏或保存环境会发生不同的腐蚀反应，从而形成分布有差异的锈蚀产物，其中以绿色的碱式碳酸铜最为常见。青铜器腐蚀机理相当复杂，如铜器和氧接触会生成氧化亚铜，进而生成氧化铜，接触到溶解有二氧化碳的地下水，又会生成碱式碳酸铜或蓝铜矿，若含锡量高，又会生成光滑的灰绿色锈氧化锡等。

通常来说，由于青铜埋藏与保存环境复杂多样，一件青铜器上的锈蚀产物会存在多种组合，如果不注意保存环境的温湿度控制和定期检查与保护，氧元素、水分子等便会加速锈蚀产物的生长。因此，我们有必要全面了解青铜器锈蚀产物的情况，掌握青铜器腐蚀机理的发生条件，以便采取相应的清理与保护技术措施。

青铜器常见损坏因素

空气污染

大气中的污染物主要有含硫化合物、含氮化合物、碳氧化物、氯化物、臭氧、颗粒污染物、酸雨、光化学烟雾等，主要来自工业排放源、汽车排放源、家庭炉灶排放源等。污染物排放地区受到空气污染的影响，其危害并非仅限本区。空气污染物的危害与气象条件有关，主要受风速、风向和地面气温变化的影响，其中对文物危害最大的是以二氧化硫为代表的酸性气体和粉尘，尤其对金属文物的危害非常巨大。空气污染中含有的酸性气体及反应所产生的酸性物质，会使青铜器局部范围的 pH 值降低，导致其他腐蚀产物的生成。常年埋藏在地下的青铜器，接触到相应的气体、盐类、水分后，会发生化学和电化学反应，逐渐形成腐蚀锈层。生成的碱式氯化铜呈粉末状，极易吸附空气中的水分和氧气，从而使锈蚀纵向蔓延开，器物在一段时间内就会起泡发胀，甚至穿孔溃烂。此外，硫氧化物、氮氧化物等会使金属锈蚀，与烟尘并存时具有协同作用，也会加速金属器物的腐蚀。

光线辐射

出土后的青铜文物对保存环境的采光照明也有一定的要求，光线对有机质地的材料制品都有损害性。目前，大型博物馆展厅所采用的光源主要以人工光源为主，按种类分为射灯、管灯和光导纤维灯等。许多小型博物馆由于经费等原因的制约，在展厅采光上会使用自然光和人工照明光源相结合的方式。其中，紫外光具有足以使有机物化学键断裂的能量，使有机质地藏品损坏；红外光是热辐射线，会使被照铜器表面和内部温度急剧上升，产生内应力，出现翘曲、龟裂现象。为满足观众鉴赏时对光线的要求，有些地区博物馆会将灯光直接照射在文物上，却不对文物采取任何防护措施，这样长时间照射就有可能造成青铜器物表面局部受热膨胀、收缩不均而出现裂纹，使有害气体、水汽进入，造成器物进一步损坏。

土壤环境

土壤是无机和有机胶质混合颗粒的集合，青铜器锈蚀与埋藏土壤环境中的酸碱度、可溶性盐类、矿物质、电阻率等密切相关。在不同埋藏环境中，铜器所受的腐蚀程度各不相同。土壤有机质一般小于土壤固体部分重量的 5%，它是土壤中微生物生存的物质基础，从而影响土壤对金属材料的腐蚀性。电阻率也是影响腐蚀速率的因素之一，土壤电阻率越小，其腐蚀性就超强。埋藏久远的青铜器出土后往往会覆盖各种不同的青铜锈，锈层可达数十层，基本结构从内向外依次为氯化亚铜、碱式氯化铜、氧化亚铜、碱式碳酸铜和碱式氯化铜[1]，不同铜器的锈蚀情况各有差异，而土壤埋藏环境便可解释两个不同地区出土青铜器呈现完全不同腐蚀特征的原因。例如，常年埋藏在地下的青铜器，接触到相应的气体、盐类和水分后，发生化学反应和电化学反应，逐渐腐蚀生成锈层；铜器和氧接触后生成褐红色的氧化亚铜，进而又生成黑色的氧化铜；有些青铜器在埋入地下之前表面已有一层氧化铜；有些青铜器在地下由于接触到溶解有二氧化碳的地下水，就会形成蓝绿色的碱式碳酸铜或蓝铜矿；如果青铜的含锡量高，锡会转化为氧化锡，呈光滑的灰绿色锈。因此，土壤情况对于锈蚀的产生往往有很大影响。

此外，土壤环境又与金属文物的原生地点息息相关。不同地区的

---

1 刘岿：青铜器的化学除锈和保护方法探讨，晋城职业技术学院学报，2008 年第 2 期。

降雨量、年平均温湿度等综合作用会导致土壤环境过酸或过碱，天然发生的可溶性盐类的相对增加也会对青铜器造成或多或少的影响。根据青铜器的腐蚀类型与程度便可判断土壤环境的理化特性，由此了解其分布区域与原生环境情况，有助于青铜文物来源与产地的判断分析。

生物危害

锈蚀产物的生成与埋藏环境中的有机质微生物、细菌、腐殖质有着密切关系。腐殖质是一种无固定组成的有机化合物或随机聚合物，含有氮、磷、钾、硫、钙等元素，经微生物分解释放出来，可与金属离子、金属化合物发生反应，主要是羟基和酚羟基与金属离子的结合，比如它会使铜镜表面生成氧化物而随地下水流失，锡的氧化物难以被有机酸溶解而保留在铜镜表面，导致形成富锡的“黑漆古”表面。[1]

部分墓葬中的尸体陈腐后，肌体的硫氨基酸、硫胺素及其衍生物会分解出硫化氢，硫离子与氧化亚铜的铜离子反应生成铜的硫化物，它在潮湿、有氧的环境下，时间长了就会氧化为可溶性硫酸铜。腐烂尸体的氨基酸在潮湿条件下可分解出氢氧根离子，它与可溶性硫酸铜相互作用便生成碱式硫酸铜。人体的血液、组织中含有磷酸醋等有机磷化合物，骨骼中含有大量无机磷酸盐，尸体腐烂后分解出的磷与氧作用生成五氧化二磷，在液体中则可以生成磷酸。磷酸在氧气、液体中与铜长时间发生作用，便生成带有 3 个结晶水的磷酸铜。[2]

温湿度影响

青铜文物的锈蚀产物还与环境中的温度和相对湿度有关。水是青铜合金腐蚀过程中腐蚀剂的良好载体，温度也会加剧腐蚀的过程。如果相对湿度较低，在皮壳层内的氯化铜也相对较稳定，发生腐蚀劣化的速率也相对较低，腐蚀程度不太强烈，腐蚀层内新生矿物结构致密且连续性好。如果保存环境中的相对湿度较高，腐蚀程度会更加强烈，腐蚀层内新生矿物种类会更多，但质地较疏松且分布连续性较差，表面某一区域被破坏或有缺陷时，就会形成电化学局部腐蚀，水

1 孙淑云：土壤中腐殖酸对铜镜表面“黑漆古”形成的影响，文物，1992 年第 12 期。
2 陆金生：契丹族女尸身穿金属网套上锈蚀物的研究，钢铁研究总院学报，1984 年第 4 期。

分子和氧气很容易进入皮壳层内部，与氯化铜发生化学反应形成碱式氯化铜，由于体积膨胀，就会从被破坏区域和缺陷处蔓延，形成通常所说的青铜病现象。

吕庆等人研究了青铜腐蚀与温湿度的关系，发现对于不含氯离子附着物的青铜器，空气相对湿度值应控制在 50% 以下，对含有氯离子附着物的青铜器，此值应更低。若空气相对湿度为 60%，温度为 20 ℃，金属表面能吸附的单分子的水的层数大约为 15，而当单分子水层数达到 3 以上，就具有水的化学性质。因此，空气相对湿度直接关系着金属表面是否形成水膜及形成水膜的厚度。在空气相对湿度足够的情况下，金属表面的水膜会形成有效的离子传递，使金属表面的电化学腐蚀顺利进行。[1]

自然或人为物理破坏

铜器在保存或埋藏时会遭到部分自然物理破坏，包括地壳运动、地震、火山爆发、洪水、地下水活动、台风、雷击等，这些灾难性的破坏力往往难以预防。例如，青铜器埋藏后受泥土的挤压作用会发生变形；墓葬或居住的建筑物突然坍塌会使埋藏其中的青铜器发生物理性损坏，色泽、重量和强度均发生改变，导致铜器酥脆、变形甚至断裂；在出土过程中，不合理的考古发掘行为会使铜器受到机械性损伤；出土后不适当的养护方法和修复工艺，也会给文物带来损坏；在后续管理中，因管理不当、疏忽失职，对文物随意触摸而造成损坏……这些自然或人为的机械力破坏，均在不同程度上威胁着青铜文物的质量与寿命。

青铜器常见锈蚀种类

古代青铜文物的病害及其锈蚀类型较为复杂而繁多，前人将青铜器的锈蚀产物分为四类，分别是贴骨锈（皮壳）、薄锈（单层锈）、厚锈（多层锈）和发锈。皮壳是青铜器在不同的环境中与周围的多种化学物质长期发生作用，在其表面形成的一种氧化膜。薄锈是指单层锈，多数呈现出深浅不一的绿锈。厚锈层次多，锈色多样，锈蚀的层

1 陈元生：博物馆文物保存环境质量标准研究，文物保护与考古科学，2002 年第 14 卷增刊。

次非常明显且锈体坚硬。发锈是从青铜器铜胎基体产生的锈蚀，在青铜器表面形成一个个锈泡。随着现代科学检测仪器的运用与推广，学术界越来越多地依靠 X 射线衍射仪、扫描电镜分析、拉曼光谱分析等科技手段对铜器锈蚀产物进行科学检测，确定锈蚀产物的组成元素及性质。

图 4-2
皮壳

图 4-3
薄锈

图 4-4
厚锈

图 4-5
发锈

根据铜器锈蚀元素及性质，可将其分为以下几类。

氧化物（亚金属红色的赤铜矿、金属灰黑色的黑铜矿）

在常温常压的稳定环境中，金属铜与氧气发生氧化反应，产生氧化铜和氧化亚铜这两种氧化物，其中氧化亚铜性质比较稳定。如果铜元素先氧化为氧化亚铜，则不易继续氧化为氧化铜或氯化为氯化铜，而是会形成表面性质稳定的氧化膜，这类锈蚀产物抗氯离子性能较好。当环境中有氯化物存在时，铜元素通过生成氯化亚铜而最终变为氯铜矿。由于氧化亚铜和氯铜矿都比较稳定，呈橘红色，所以会出现两者长期共存的现象。

氯化物（淡绿色的氯化亚铜，玻璃绿色的氯铜矿，淡绿色的斜氯铜矿、羟氯铜矿）

环境中的氯离子和溶解氧是造成青铜病的电化学生成机理的主要因素。空气或土壤环境中的氯离子与铜元素发生化学反应，形成氯化亚铜；氯化亚铜会与埋藏环境中的水发生反应，生成氯化亚铜和盐酸；氯化亚铜遇到氧气、水、二氧化碳和盐酸时，便生成了碱式碳酸铜；至此，青铜器与土壤环境中各元素的腐蚀理化反应基本完成，腐蚀产物依次是碳酸铜或碱式氯化铜、氢氧化铜，再向内为氧化亚铜，最后为氯化亚铜。碱式氯化铜的物理性质为酥松、膨胀的粉末状锈蚀，呈现出一种点蚀型腐蚀，即“粉状锈”；而其共生物还有盐酸，盐酸又可以使铜和氧气结合转化为氯化亚铜，随着埋藏环境中的水与氧气进一步入侵到铜体内部，再次生成了碱式碳酸铜……以此往复，腐蚀反应周而复始，青铜器腐蚀程度不断扩大、加深，铜器内部被有害锈逐渐侵蚀，最终彻底损坏，这便是常见的“青铜病”。只要有铜的氯化物存在，在一定的条件下，“青铜病”的产生是在所难免的。

碳酸盐（淡绿色的孔雀石、玻璃蓝色的蓝铜矿）

主要为碱式碳酸铜，是在一定条件下不参与或促进腐蚀过程的稳定锈蚀。孔雀石是单斜晶系，元素常见，较稳定，呈淡绿色；蓝铜矿是单斜晶系，元素常见，不如孔雀石稳定，呈玻璃蓝色；蓝铜钠石是单斜晶系，绿蓝色，少见，研究表明在用倍半碳酸钠清洗过的器物上易发现。[1]

硫酸盐、硝酸盐、磷酸盐、锡氧化物、铅氧化物及其他（深蓝色的铜矾、玻璃绿色的水胆矾、透明绿色的铜硝石）

水胆矾是单斜晶系，呈玻璃绿色，是室外青铜器表面形成的最稳定和最常见的腐蚀产物之一。在大气环境中，铜器与二氧化硫、二氧化氮、臭氧等腐蚀性气体接触会产生五水合硫酸铜，即水胆矾。铜器

1 国家文物局博物馆与社会文物司：博物馆其他文物保护技术手册，文物出版社，2014 年。

的表面先生成赤铜矿，主要呈现出的颜色为棕黑色，而后颜色逐渐变暗，形成暗黑色的硫酸铜晶体。硫酸铜晶体与空气中的水、氧气、硫等发生反应后就会产生绿色的锈蚀产物，即碱式硫酸铜和硫化铜。青铜器中普遍含有锡元素，锡元素在有水的条件下，容易与氧气发生反应生成“水锈”，这种“水锈”是一种氧化锡，主要呈现出灰色的物质形态。氧化锡在铜器上分布的位置不一样，所产生的作用也不一样。氧化锡是一种无害锈，在青铜含锡量较多的部位会形成一层坚硬、致密且不溶于水的保护膜，呈现出淡绿色的结构形态；而在青铜器含锡量较为贫瘠的部位，便会破坏青铜器原有的结构。

综上所述，青铜器的腐蚀产物主要有氧化物、硫化物、硫酸盐、碳酸盐、磷酸盐、硝酸盐、氯化物等。其中，有些腐蚀产物对青铜本体有一定的保护作用，如氧化亚铜、氧化铜、孔雀石、蓝铜矿等，应尽可能保留；有些腐蚀产物在一定条件下会对青铜本体进一步腐蚀，如“粉状锈”(能形成点蚀或孔蚀并蔓延，危害最大，主要为含氯的锈蚀物，包括氯化亚铜、氯铜矿、副氯铜矿等)，应尽可能去除或转化；另外一些青铜器由于铅锡成分比例高，也常含有铅锡的腐蚀产物，甚至为主要成分，如二氧化锡、氧化铅、碳酸铅等，大多数结构疏松，易受物理侵害，应及时采取加固保护措施。因此，我们需要仔细甄别青铜腐蚀产物的特性，从而开展适宜的保护修复工作。

二

青铜器保护修复实例

战国兽首鼎

文物历史背景

战国云雷纹兽首铜鼎，口径长轴 14 cm，短轴 12 cm，通高 13 cm，1978 年出土于淮阴高庄战国墓。器口呈椭圆形，方沿平折，曲口，束颈，垂腹，圜底，口沿上有对称附耳，底有三蹄足。在双耳之间的前沿上，有一兽首昂首耸立，高出器表，在兽首对面的口沿外有狭条状兽尾与之对应。其兽首双耳高耸、双目圆睁，就连嘴唇胡须也刻画得栩栩如生。耳饰三角形云雷纹，吻饰点纹，颈、腹部饰云雷纹，近底处饰蝉尾纹。整个器物造型浑圆、纹饰精美、体态憨厚、风

图 4-6
战国兽首鼎正面

格独特，十分精致美观。

兽首鼎从个体到形制都比较奇特，全器为动物造型，形似古代祭祀时使用的“牺牲”，即祭祀宰杀的牲畜，故又称牺鼎。此种形式的牺鼎，主要分布在安徽舒城、怀宁、庐江、寿县、肥西等群舒故地，故视为群舒器物。群舒是诸多偃姓小国的统称，夏代时已存在，历经商、西周，至春秋时期始见于文献记载。春秋末灭于楚国，地理位置在今安徽江淮地区西部，有舒、舒庸、舒鸿、舒寥、舒龙、舒鲍、舒龚及宗、巢等国。此牺鼎为群舒代表性器物，目前仅发现几件，均分布于群舒故地，而且一座墓葬只随葬一件，一般墓葬没有出土。由此可知，兽首鼎非一般贵族使用，器主在当地有着很高的社会地位，很可能就是这些小国的君主。后在江苏徐淮地区也有发现，如邳州九女墩徐国墓和淮阴高庄战国墓都有出土。这两座墓葬都是和徐人关系密切的墓葬，都有铭文徐器或具有徐人风格的器物出土。徐是中国最古老的方国之一，西周时期曾率九夷而伐宗周，一度威胁到西周的统治。据《后汉书·东夷传》记载:“(徐）偃王处潢池东，地方五百里，行仁义，陆地而朝者三十有六国。”中国古代文化史中自古就有徐舒同源之说,《左传》也有“徐人取舒”的记载，这种器物就是徐舒同源的一个例证，由此可将安徽江淮地区的群舒和江苏徐淮地区的古徐国[1]联系起来。同时，这种器物在浙江和江西地区也有发现，如绍兴306号战国墓、绍兴凤凰山战国墓、江西贵溪崖墓都有和这种器物相似的青铜器和原始瓷器出土。有人认为这种器物是徐人迁移到江南的例证，是徐舒民族在周人和齐楚的压迫下，不断南迁的结果。据考古调查，江南地区一直是徐器的出土地，如江西高安、靖安和浙江绍兴等地都有带铭文的徐器出土。对于江西出土的徐器，郭沫若先生早在1930年就有“春秋初年之江浙，殆犹徐土”之说；而绍兴出土的徐器，曹锦炎先生也认为是徐人在浙江铸造的。因此，这件兽首鼎不仅是一件珍贵的造型优美的青铜器，还是研究徐舒同源和民族迁移的重要证据。

兽首鼎以造型优美、风格独特而著称，在形制上主要融合了中原

1 淮阴市博物馆：淮阴高庄战国墓，文物出版社，2009年。

商周时期觥、兽形尊和垂腹鼎的因素，以鼎为器、以兽造型，创造出一种全新的器种，铸造得体态憨厚、栩栩如生，体现出高超的艺术水平。在纹饰上，它继承了西周中晚期以来的各种纹饰，同时使用蟠龙纹、变形蟠虺纹、云雷纹和蝉尾纹。这些繁褥精细的纹饰大多采取模印法铸造，说明淮河流域的青铜工艺已同步于中原地区。在装饰手法上，各部件均以兽鼻至尾部扉棱为中轴，采用两侧对称布局，腹部蟠蛇纹略作前移，从兽首正面观之，则恰好纳入视野，符合人体美学特征。

兽首鼎表现出发达的铸造工艺和装饰水平，它反映出这一时期的青铜装饰艺术已经从庄严肃穆开始向世俗审美转变，体现了历史悠久、高度发达的徐舒文化，见证了社会不断进步的过程，是中国青铜器中的艺术珍品，具有重要历史和艺术价值，是国家一级文物。

文物保存现状

该鼎碎成4块，缺失十分严重，可以说有一半的器身没能保存下来，通常按文物修复行规，器物缺失了三分之一以上可以不予修复。不过，这件战国兽首鼎虽有二分之一的器身缺失，但器物的铜质依然较好，纹饰精美细腻，而且将存留下来的碎片预拼接后发现，器物的兽面、兽尾及邑鼎的腹部、右部的腹部纹饰都基本保存了下来。根据保存下来的器身，器物自身的痕迹和发现的同类匜鼎，可判断出器形和鼎耳、鼎足的形制规格，还是可以进行修复复原的。由于目前存世的此类兽首鼎较少，风格又如此奇特，若使这件兽首鼎修复、复原，将为我国的青铜文化研究提供珍贵的实物资料和依据，也可陈列展览服务于大众。

保护修复方案

由于器物缺失比较严重，如果仅使用粘接的方法加固断裂处和补配铜片处则强度太弱，所以选用锡焊[1]和环氧树脂胶补腻相接合的方法来进行修复，确保器物修复的牢固度和持久性。

补配缺块

在对器物的器形、制作工艺、尺寸做了实际测绘和调研后，根

1 首都博物馆：文物养护工作手册，文物出版社，2008年。

据拼接好的残件的形制和弧度，计算出此件战国兽首鼎的口长径 13.4 cm、深 5 cm。根据器壁的厚薄选择了厚度 0.5 mm 的紫铜板（紫铜即铜单质，具有优良的沿展性和耐蚀性，因其颜色为紫红色而得名，也称“红铜”或“赤铜”，古代开始就被用于补配缺块进行修复)。按补配所需面积剪裁出大小合适的补块，用火烧至发红变软，冷却后，放在有凹面弧度的铅砣上，对照器型用锡锤敲打走型，注意补块必须和原物的上下、两侧弧度相一致。中途若铜块变硬，可用火烧使其软化，如此反复多次直至符合补配要求为止。

焊接

青铜器的保存环境、铸造材料和腐蚀程度都各不相同，在焊接前，需要先在器物的内壁进行焊接的断茬处找个小口，锉掉锈层，露出铜胎。观察后发现锉口光亮，表明这件器物铜质的金属性很好，较容易上锡、焊牢。将焊接点选择在器物内壁，由于金属性好、易焊牢，只将拼接处的两端茬口锉成 20° 的 V 字坡口，并保留靠外壁纹饰三分之一器壁厚度不锉，这样可使内壁的焊缝较小，器物外壁的纹饰也能够很好的保留，不被破坏。焊接时，先用脱脂棉蘸乙醇溶液擦洗茬口，将上面的铜粉末、油污等去除干净，等乙醇溶液完全蒸发后，再在锡料上滴一滴助焊剂，熔锡后直接焊接。焊接牢固后立即将器物完全浸入去离子水中，24 h 后取出，会发现器物的焊接处出现明显的白色粉状物，这是焊缝中残留的盐酸被置换出而形成的。将白色粉状物清除后再浸入去离子水中，反复多次操作，直到再没有白色粉状物的出现，表明焊缝中的盐酸就基本去除了。

填缝

选用 AAA 环氧树脂超能胶进行填缝，它具有良好的防水、耐酸、耐碱、耐高低温的性能，粘接力强，可进行打磨、雕刻等机械操作。在填缝前先把器物放入电烘箱中烘干，将温度设置在 40 ℃左右，时间为 120 min，使器物中的水分蒸发，保证树脂胶的粘接牢固度。根据器物的地子色调胶，适量加入矿物颜料进行调色，为后面的着色工作打下基础。将调好的环氧树脂胶渗透、涂抹到拼接处，24 h 后完全固化，既可以再进一步增强牢固度，又可以修整对接口的平整度，还能对焊接口起到一定的封护作用。

处理粘贴面

由于需要补胶和粘贴的花纹面积大，若直接将环氧树脂胶涂抹在补配铜片上，时间一长难免不会发生胶的收缩、开裂、脱落等情况。因此，使用手持电动钻孔机在补配的铜片上均匀地打上一些直径 3 mm 的小孔；打完孔后，再用粗砂纸将表面光滑的铜片摩擦至摸上去粗糙扎手的感觉，这样可有效提高胶体的粘贴力，增强补配纹饰的牢固度，从而达到较长时间的保存。

图 4-7
战国兽首鼎侧面

翻制纹饰

利用铜器纹饰的对称性，选择与器物残缺部位相对应的可用于复制纹饰的部位进行石膏翻制模具。操作时，先在翻模处均匀地涂抹一层医用软皂作为脱模剂，再把预备好的泥块打制成 4 块厚 1.5 cm、高 3 cm 的泥条，将翻模处围挡起来，围挡时注意泥条的表面和对接处要平整且不留空隙。将调好的石膏水倒入泥条围挡处，这样石膏水便不会四处流淌，范好的石膏模平整、规范。取下固化后的石膏，在需要复制的纹饰面上涂脱模剂，用环氧树脂胶调兑矿物颜料，配成与器物底子相近的颜色，涂在石膏的范模处。在涂抹时一定要按紧、按实，确保没有气泡，注意环氧树脂胶的稀稠和薄厚。胶固化后取下，剪切成需补配的尺寸后，粘贴在补配铜片上。

雕刻纹饰

兽首鼎左右对应，纹饰方向正好相反，无法用翻模复制纹饰，需要进行雕刻修补纹饰。在选用雕刻纹饰的材料上，笔者使用了美国Quik Copper速成铜胶[1]，它的特点是固化时间短、不滴落、不流淌，硬化后可以像原本体材料一样进行机械加工。在粘接时只需用刀切下所需用量，将胶体灰色内芯和外皮红铜色两种颜色的材料用手快速充分糅合成一色，压抹在修补处即可。1 h后胶体固化，用砂纸打磨平整并与器身纹饰相同高低，仔细观察器物完好的部分，对照纹饰的样式、大小，依样在雕刻处画好后进行雕刻。这样既保证了强度，也最大限度保留了其艺术价值。

补配鼎耳、鼎足

此件兽首鼎的鼎耳与鼎足已缺失，但考虑到维持器物的完整性与艺术性，应将其复原出来。根据器身上的鼎耳分铸痕迹，可知鼎耳的宽度与粗细，再依据整体器形的大小、高低及当今已知的兽首鼎为参考，推断出鼎耳、鼎足的形制。在泥块上雕刻出鼎耳和鼎足的模型，用石膏范出模具。考虑到修复的可逆性，选择Quik Copper速成铜胶材料来制作鼎耳、鼎足，再用环氧树脂胶逐个粘贴在器身上，日后如果有充足的依据发现此次修复有误，还可以及时进行拆卸、纠正。

着色

使用虫胶漆（虫胶片和酒精按3:5的比例调兑，充分搅拌、浸泡），依据器物底色，掺入铬绿、群青、钛白粉、赭石、土黄、炭黑等各种矿物颜料，调成色泥，需作厚锈时，在色泥中调入适量土粉用以着色。待漆干透后，再用小刀、玛瑙扎子、砂纸、粗布、棕刷等工具进行反复加工，做到补块颜色与器物原锈色协调一致，远观一体、近观有别，符合博物馆展陈的要求。

文物修复总结

对残损文物进行修复是文博工作的重要内容。战国兽首鼎的修复过程包含补配缺块、焊接、填缝、处理粘贴面、翻制纹饰、雕刻纹饰、补配鼎耳与鼎足、着色八大环节。修复后的战国兽首鼎造型精美，再现了原残损文物的独特形制。通过修复，还原残损青铜文物的历史、艺术和科技价值，对我国珍贵文化遗产的保护起到了重要作用。

---

1 王金潮：美国P.S.I公司生产的速成胶在文物修复中的应用，东南文化，1995年第4期。

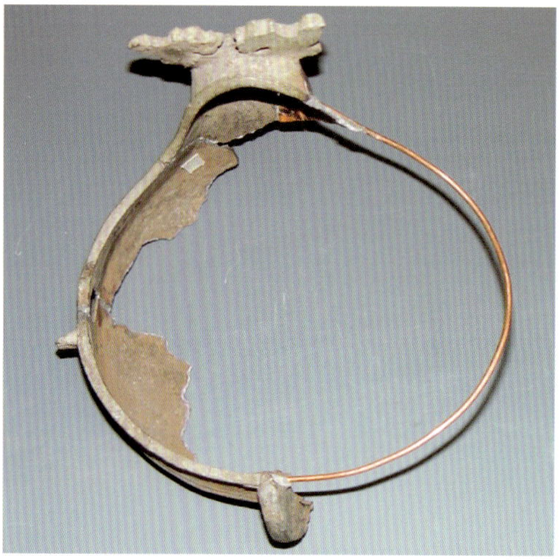

图 4-8
焊接碎片

图 4-9
补块打孔

图 4-10
复制的纹饰及鼎耳、鼎足

图 4-11
修复后的兽首鼎

战国五山镜

文物历史背景

铜镜是古代人照面梳妆和整理衣冠不可缺少的用具，它既是生活实用品，又是精美的工艺品。我国从青铜时代初期便出现铜镜，历经商周青铜器的鼎盛时期。战国时铁器兴起，青铜器多被铁器取代，由于铜不像铁器那样容易生锈，所以镜子依然使用青铜制造，直至明清年间都长期流行。到了近代大量使用玻璃镜后，铜镜才逐渐退出历史舞台。铜镜可算是我国古代诸多金属器物中，沿用时间最长，使用范围最广的生活器物了。铜镜背面大都装饰着精美华丽的纹饰和刻工精巧的铭文。这些纹饰和铭文不仅折射出古代人的审美意识，还反映了当时的政治、经济、艺术特征和社会风尚，具有重要的研究价值。

中国铸造铜镜历史悠久，齐家文化铜镜较罕见，商周以后各个时期的铜镜虽多寡不等，但基本上可以按时代先后顺序排列，不中断地贯穿上下四千年。纵观铜镜的萌芽、发展、成熟和盛衰的历史，能了解每一个历史时期社会政治、文化对铜镜发展的影响和制约。

图 4-12
五山镜

当中国铜镜的历史翻到战国这一页的时候，人们惊异地发现，在经历了漫长的岁月后，铜镜变得如此绚丽多彩、种类繁多。春秋战国时期，铜镜铸造和使用日益兴盛并形成一门独立的工艺体系。出土数量多，分布地域广，种类繁多。形制多为圆形，有单弦钮、双弦钮、三弦钮、半圆钮、弓形钮等。钮座多为凹方钮座、凹圆钮座、叶纹钮座、绳纹钮座、蟠璃纹和葵瓣纹钮座等。镜边多为高起素卷边、低素卷边、窄平卷边、内向连连弧纹边等。纹饰繁缛，有几何纹、动物纹、蛟龙纹、卷云纹、花叶纹、连弧纹、菱形纹等，其中蟠璃纹占主要地位。一般运用主纹和地纹二层或多层次的重叠手法，层次分明，具有空间透视效果。纹饰明显具有装饰趣味，已摆脱商周青铜器装饰艺术中庄严的宗教色彩，画面出现写实的龙飞凤舞的欢快流畅线条，增加了艺术感染力，表现出新的创作精神，形成春秋战国时代独特的艺术体。

山字纹是战国铜镜中常见的纹饰，主要流行于楚地，考古上称其为“楚式镜”，有三山、四山、五山和六山镜之分。其中，以四山镜居多，三山、六山甚为少见，五山镜也是“偶见”，国之珍宝，当之无愧。

文物保存现状

关于铸镜合金定量关系的最早记载是《考工记 · 六齐》中的“鉴燧之齐”，规定的铸镜要“金锡各半”。学术界一直对于这一说法存在不同的解释，有说“金锡各半”，也有说是“金一锡半”。将其用百分比形式表示出来分别是铜 50%、锡 50% 或铜 66.7%、锡 33.3%。不论是哪种说法正确，它们都在“六齐”规定的合金定量关系中，锡含量占很高比例。青铜的配比决定了铜器的硬度、韧性和其他物理机械性能。铜镜中多锡，可使镜面颜色较白，宜于映像，硬度较高，镜面极平、极光。不过随之带来的不利影响是脆，易断裂，一摔就碎。因此，铜镜修复、复原的难度也随之增大了。

2005年，南京博物院受河南新郑博物馆的委托，对该馆收藏的一批青铜器进行修复保护，其中就有一面破损程度相当严重的战国五山镜。这面五山镜共碎成20多片并有缺损，在预拼接后，发现此镜直径近18 cm，五弦钮，圆钮座，主纹为5个左旋的山字形纹饰，山字修长，倾斜度较大，山字纹内围成一五角星，钮座外及山字上各饰5个小花瓣，以羽状纹为地。纹饰刻画精美细腻，构图丰满有序，示意山峰壮丽、大地欣欣向荣的景象。虽有十多处大小不一的缺失，但五山镜上的绝大部分纹饰都保存了下来，为保护修复提供了很好的依据。

保护修复方案

清洗

此镜在送修前曾做过一些拼对、粘修工作，为保证修复牢固且粘接时接口能够严丝合缝，在修复前需将其全部分拆，并将断口处残留的胶渍剔除、清洗干净。具体采用手术刀剔除疏松锈蚀物，辅以酒精软化的机械清洗方式。先将铜镜放入温度为60 ℃的去离子水中浸泡，待胶逐渐软化时，再对各个残片的断截面逐个清洁处理，使用棕刷、

图4-13
五山镜修复前

图4-14
粘接、补缺后

竹签、手术刀等器械，将有胶迹、污垢的地方一点一点地进行机械去除，再用棉签浸润酒精，反复擦拭、清洗干净。

粘接

此镜的胎体厚薄不一，较薄处只有 2 mm，稍一受力就可能造成铜镜的再次断裂。若使用焊接法，不仅会对铜镜造成再次伤害，也未必能得到很好的修复效果，因此选用了安特固 110 型瞬间强力胶和 AAA 超能胶相结合进行粘接。瞬间强力胶粘接速度快、渗透性好、粘接力较强，用于这件器型小、铜质差，对接口要求精准无误的器物，效果较好。铜镜碎块较多，粘接时需根据境面的弧度，由内而外将碎块逐一粘接。使用小号的勾线手笔蘸瞬间强力胶，点于拼接处的中心部位，粘好后要确认对接处是否对齐，可使用竹签和牛角刮在对接处的镜面上来回划走，如有停滞感就说明尚未对准，需拆开重粘，否则会对器物整体的造型产生影响。全部拼接完成后，再涂刷 AAA 超能胶，将所有裂缝进一步加固。

补缺

铜镜面积小、花纹精细、纹理较深，还有十余处的缺失。考虑到用翻模复制的方法修补如此细小的花纹，再经过后期的着色作旧，容易使纹饰线条变粗、棱角圆润，失去纹饰原有的艺术效果。因此，选用 Quik Copper 速成万能胶棒（下文简称速成胶）进行填补，此胶固化时间短、不滴落、不流淌、强度高，硬化后便于进行纹饰的雕刻。器物上缺口小的地方可直接用速成胶填补，而对于缺失口大的部分，为确保其强度，先剪下比镜身厚度略薄、与缺口大小面积相同的紫铜块，用 AAA 胶水将铜块粘接在缺口处，待胶固化后，再在其上填补速成胶。

雕刻

速成胶经 24 h 硬化后，先用电动手磨机粗磨、找平，再用细水磨砂纸进行打磨，直到镜背处胶面与纹饰最高点成一水平面，镜面处胶面与镜体合为一体，手摸之后分辨不出。雕刻前先以器物保留下来的纹饰为参照依据，在胶面上用细铅笔将待刻纹饰的图案画好，再根据需要使用自制的雕刻刀具进行雕刻。刻纹时要特别注意修复纹饰与原有纹饰的衔接，做到线条流畅、粗细均匀，同时控制好吃刀的深度，确保镜背纹饰整体一致。

作旧

铜镜铸造的合金成分中含锡量普遍较高，特别是镜面经过细加工后，镜面又光又平，稍有杂物都清晰可辨。补好的地方与原器表面差异太大会影响美观和陈列价值，必须对修复过的地方进行作旧。青铜器传统的作旧材料以虫胶、聚氨酯、硝基清漆等有机溶剂性涂料为主。着色时先使用虫胶漆，依据器物的底色，掺入红色的氧化亚铜、靛蓝的碳酸铜、绿色的碳酸铜等各种矿物颜料，调成色泥后涂敷在修复面上，每做一层颜色都要待色层硬化后，用玛瑙扎子、粗布、棕刷等工具进行反复打磨、抛光、磨平、抛亮，使修复面的颜色与器物原锈色协调一致，以遮盖修复痕迹。

封护

为了尽量减少保存的环境因素对这面五山镜的破坏，使其能得到更好的保护，使用了传统的白蜡进行封护，所选用的是一种天然材料川蜡（又称虫蜡），属于生物蜡。川蜡无明显杂质、无色透明，具有不和铜发生反应、不溶于水、成膜迅速、使用方便等优点。操作时，将处在熔化液态的川蜡均匀浸刷在处理过的器物表层上，待冷却后除去多余的蜡，仅留下一层薄膜，这样就能起到保护器物不受潮、不生锈的作用。

文物修复总结

五山镜破损十分严重，在不损害其历史原貌、对文物实施干预最

图 4-15
雕刻纹饰后

图 4-16
作旧后

小化的前提下，通过清洗、粘接、补缺、雕刻、作旧和封护的具体修复过程，使残缺不全的珍贵文物重现光芒。由于历史文物的繁杂性和多样性，对它们进行研究和保护修复，不仅要掌握修复理论、历史、艺术、化学等多种学科的基础知识，还要熟练雕塑、制模、绘画等多种工艺。因此，文物保护工作者必须积极努力学习，不断丰富理论知识、提高技术水平，将多学科和新科技方法相结合运用，方能使一件件艺术珍品得以重现原有的光辉。

汉代青铜摇钱树

文物历史背景

摇钱树俗称福寿树，是一种独具特色的文化现象，它最初出现于东汉早期，盛行于东汉中后期，急剧衰减于三国时期，最终消亡于两晋时期，主要流行于东汉、三国、两晋时期的中国西部。

摇钱树上的钱币纹饰分为铸造和铜线捆绑两类。古人认为把铜钱挂在树上，只要摇动钱树就会财源滚滚，同时还祈盼它能像果树那样可以不断地“开花结果”，表达了人们渴求财富的一种愿望。这些钱币纹饰产生于陪葬用的厌胜钱、贮贝器及东汉时期宽松的货币铸造政策，代表了死后世界对财富的向往，以及当时认为钱币本身具有与天沟通等超自然属性的观念。

关于摇钱树的文化诠释，学术界各家观点不一，以道教说、佛教说、巴蜀巫术说为主。仙道巫术在西南地区的巴蜀文化有着深厚传统和广泛的基础，摇钱树的树叶上常出现西王母、蟾蜍、羽人、仙人、乐舞百戏等造型。道家称其为神树，认为它是人间通往天堂的树，是死者进入天国的通道，缩短了人间与天上的距离。驱鬼避邪、引魂升天，反映出企望墓主人灵魂仙化升天的思想。摇钱树树干上常铸佛像、猴子等形象，说明当时人们把佛像与东王公和西王母作为同等的崇拜对象来供奉。这些佛教造像是由贵霜通过新疆传入的，一方面显示了东汉时期佛教[1]在中国西南的流行，另一方面显示了贵霜帝国君主迦腻色迦对佛教的改造。西南民族的仙巫之道与佛教、道教相互渲染，集

1 李晓正：中国早期佛教造像研究，文物出版社，2005 年。

神巫、佛、道于一体，摇钱树着力表现祥瑞避邪等特殊象征意义。

解读一株完整的摇钱树的制造过程可以发现，它们主要是由树座、树干、枝叶分别制作后组装在一起的。不同的材质、造型和题材相组合，构成了千姿百态的摇钱树。摇钱树的树座大多为陶质，采用泥模翻制，再入窑烧成。树干和树枝也是翻制而成的，还能随意装配和拆卸，也许当时的摇钱树甚至可以根据购买者的喜好进行不同的选配。摇钱树的树干有装饰的居多，有佛像、龙凤、动物或钱币的浮雕。摇钱树的挂饰更加丰富，共同特点是均在树干和枝叶间悬挂钱形（大多是“五铢”）装饰，其他有车马、人物，也有龙、虎、象、鹿、羊、辟邪、玉兔、蟾蜍等与神话相关的形象。树干上一般三向横列九枝，枝叶通过插孔与树干相连。有的树干顶端伫立一凤鸟，每枝上挂着放射光芒的方孔圈钱，圈钱之间的铸造图像仍是以“西王母”为中心的各种神话人物、神禽、神树等。

文物保存现状

这件需要保护修复的汉代摇钱树组件共36件（套），由1件底部陶座、3段青铜树干、24片树叶、2只铜猴、7只铜鸟和22只动物配件组成。树干的病害状况为表面硬结物、通体矿化、全面腐蚀、残缺、孔洞；树叶病害情况为表面硬结物、通体矿化、全面腐蚀、层状堆积、残缺；挂件病害情况为表面硬结物、通体矿化、全面腐蚀、层状堆积、残缺、孔洞等，文物保存情况并不乐观。

此件器物是我国四川地区一种特殊的陪葬用品，在设计制作完成后，就随墓主人一同入土埋葬，并未考虑过长期稳固放置的问题。为节省铜料，器物设计轻薄，器壁平均厚度为0.1 cm。受自然因素的影响，多数部件发生了不同程度的断裂，更有甚者通体矿化，本体较为脆弱。如若贸然组装，有整体坍塌的风险。

目前，青铜修复多采用热焊接和树脂黏合剂直接作用在文物本体上，但此器物铜质差，无法进行焊接操作，而且器物断裂部位又薄又细，采用黏合剂粘接强度又不够。为了能更好地保护修复此件摇钱树，必须找出更好的修复新工艺、新方法。

保护修复方案

在现场观察和拍摄的基础上，提出以下保护修复技术路线：清洗

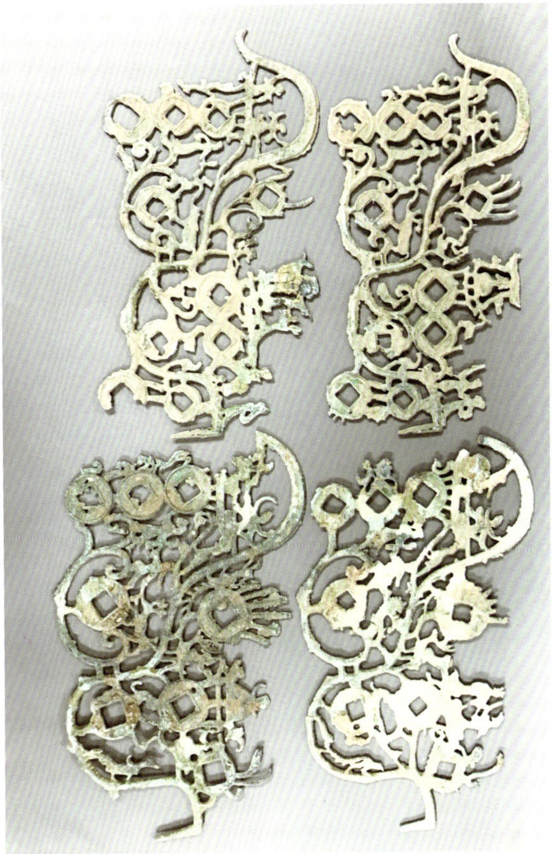

去锈→缓蚀→焊接、粘接、补配、加固等→作旧→封护。根据调查所得的文物保存现状调查表，绘制青铜摇钱树的文物病害图，制定具体的文物保护修复操作步骤。

第一，照相、绘图、称重，建立档案资料记录。

第二，用滴定法检测有无氯离子；清除器物上的有害锈蚀及污垢，采用机械去除与化学清洗相结合的方法（机械去除法用超声波清洗，化学清洗法用倍半碳酸钠溶液和苯骈三氮唑）。

第三，使用 BTA 进行缓蚀。

第四，裂隙处铜质较好的部位采用铅锡低温焊接，锡焊和补配部位用三氯化铁咬黑后浸泡脱氯，而矿化严重的器物部位用 AB 树脂胶粘接。

图 4-17
库房查看摇钱树保存情况

图 4-18
全面腐蚀、通体矿化的叶片

图 4-19
点腐蚀的构件顶端

第五，如有残缺部位，在相应的位置取形翻模，用铜合金或玻璃钢树脂浇铸补配。

第六，原子灰腻子填补修整，使其光洁、平整、手感平滑，达到与本身整体格局相同的效果。

第七，表面锈层用矿物颜料作色，用传统方法作旧。

第八，进行表面封护，做到防水、防污染，达到保护青铜文物的目的。

表面锈蚀分析检测

1. 鲜绿色锈蚀物的分析

大量文物组件表面和部分组件断裂处出现了物理性状一致的鲜绿色锈蚀物，通过对脱落物取样，进行 X 射线衍射分析（XRD）。

观察对 X 射线衍射分析（XRD）图谱可知，鲜绿色的锈蚀物组

图 4-20
鲜绿色锈蚀物的 XRD 图谱

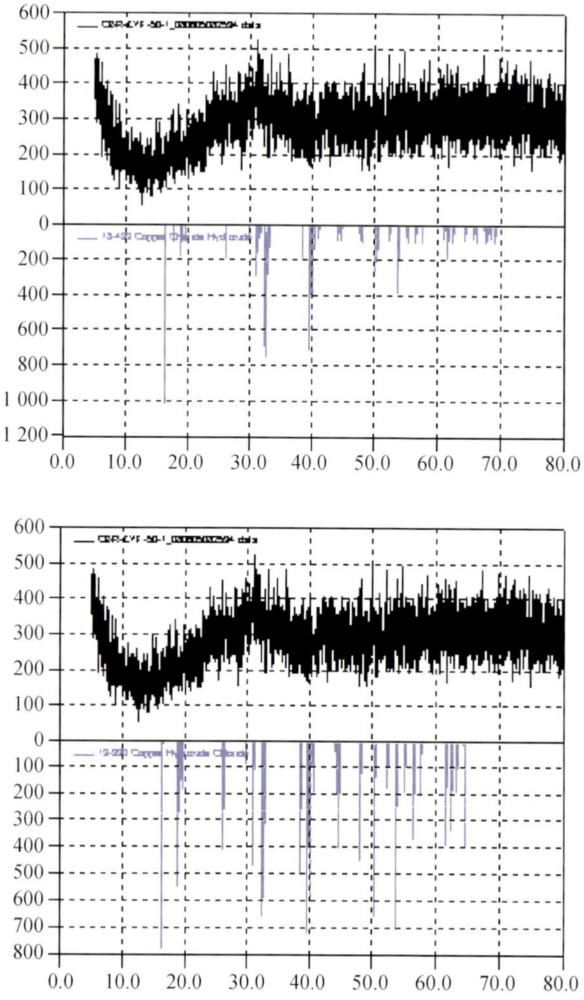

分含有粉状锈碱式氯化铜。

2. 蓝色、绿色锈蚀物的分析

铜器表面有较多的蓝色和绿色锈蚀物，对这两种脱落的锈蚀物进行拉曼光谱分析。

观察蓝色锈蚀物的拉曼光谱可知，其主要组分为蓝铜矿和白铅矿。

观察绿色锈蚀物的拉曼光谱可知，其主要组分为蓝铜矿、白铅矿和石英。

3. X 射线荧光光谱分析（XRF）

通过表面元素分析（见表 4-1），文物组件铜的含量相对较高，说明该文物组件铸造时期铜的冶炼技术已经达到较高水平。

4. 铜器表面微观形貌的观察

观察铜器表面微观形貌可知，铜器表面比较酥松，有较多锈蚀物

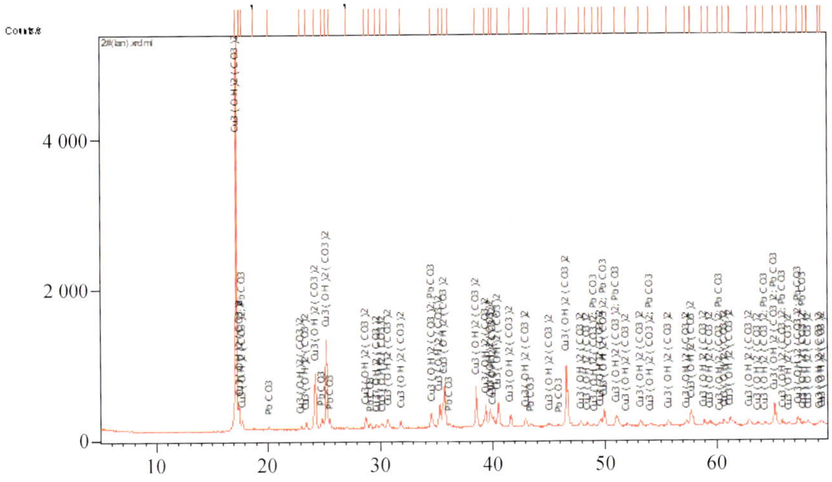

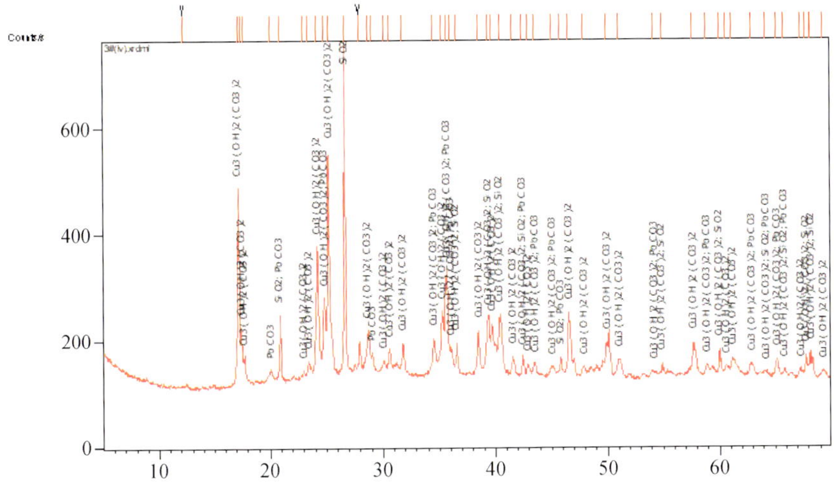

图 4-21
蓝色锈蚀物拉曼光谱

图 4-22
绿色锈蚀物拉曼光谱

晶体存在，并且锈蚀物颜色呈多样化，说明锈蚀物成分不同，存在严重的多种锈蚀病害。

表 4–1　铜器表面元素组成

No.	Sn	Pb	Cu	Fe	S	Si
1	3.818	10.664	68.886	0.812	1.4	4.017
2	14.279	8.68	58.189	2.636	0.9	5.037
3	24.184	9.366	41.264	3.657	3.06	3.925
4	15.945	5.7	63.007	1.381	0.94	9.53
5	9.265	5.476	71.959	0.461	<LOD	7.772
6	24.692	10.386	60.443	0.152	0.882	1.125
7	35.494	10.003	43.452	0.107	3.182	1.348
8	16.056	8.338	73.531	0.185	0.485	0.646
9	16.737	7.756	73.209	0.202	0.566	

图 4-23
铜器表面的显微图片

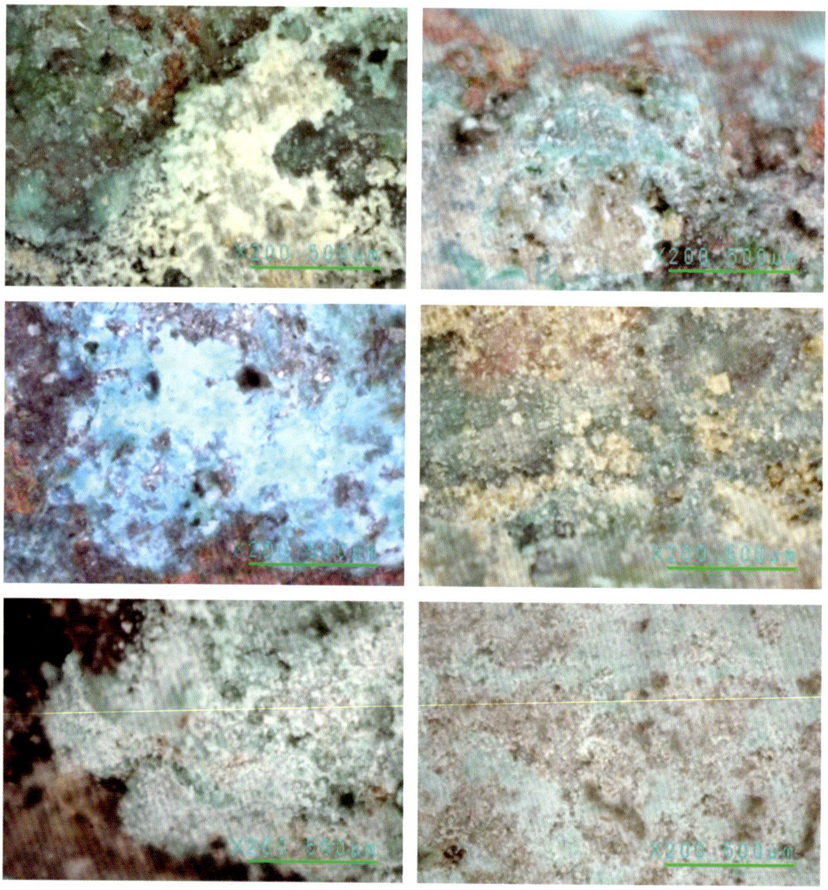

保护材料的选择

青铜摇钱树受自然因素的影响，多数部件发生了不同程度的断裂，更有甚者通体矿化，本体较为脆弱。如若贸然组装，有整体坍塌的风险。因此，在修复时需要选择适宜的加固材料为其提供支撑力，以强化青铜摇钱树的整体强度，真切反映历史文化信息，同时也将为学术研究提供实物资料和依据。

目前，青铜加固多采用黏合剂直接作用在文物本体上，但这批器物很薄且有纹饰，采用黏合剂粘接难度较大，而且会影响其历史信息和艺术价值，必须另寻适宜的新材料和新工艺。

查阅文献可知，热塑性树脂具有受热软化、冷却硬化的性能，而且不起化学反应，无论重复加热、冷却多少次，都能保持原有的性能。热塑性树脂是一种真正意义上符合可再处理原则的高分子材料，属于物理加固的范畴，而应用在青铜器精细部件加固上尚属首次。

这次实验选择的是便宜易得的热塑性树脂透明薄膜（见表4-2），根据青铜器的保存环境对其进行加速老化性能测试，从中选取最优保护材料。

表4-2 试验材料

编号	材料名称	代号	外观	出品
1	聚氯乙烯薄膜	PVC	高透明、无色、高光薄膜	广东日辉塑胶
2	聚碳酸酯薄膜	PC	高透明、无色、高光薄膜	广东日辉塑胶
3	乙烯－醋酸乙烯酯薄膜	EVA-1	半透明、无色、亚光薄膜	南京博物院
4	乙烯－醋酸乙烯酯胶膜	EVA-2	略透明、乳白色、低光胶膜	广州禾天夏橡塑

图4-24
聚氯乙烯薄膜（PVC）

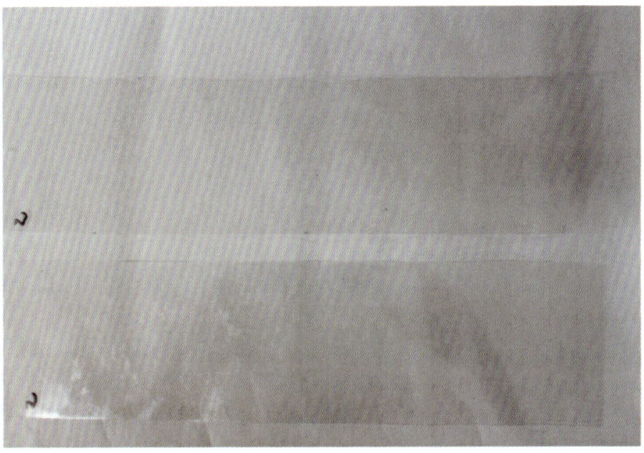

图4-25
聚碳酸酯薄膜（PC）

图 4-26
乙烯－醋酸乙烯酯薄膜（EVA-1）

图 4-27
乙烯－醋酸乙烯酯胶膜（EVA-2）

保护材料性能实验方案

1. 干燥环境老化

青铜摇钱树属于金属类文物，储存环境温度为 20~25 ℃，空气相对湿度为 45%~55%，属于干燥环境。本实验目的在于探索 4 种热塑性高分子材料在干燥环境中的稳定性，并确定在该环境中性能最佳的材料。

制作极端干燥环境：将烘干的变色硅胶在干燥器内密封存放一昼夜，至温湿度计显示 RH=0。在干燥器内存放样品，定时取出测定色差表面接触角和拉伸强度等性能，最长周期为 70 天。

恒温恒湿箱（型号 GDJS-010，常州国立试验设备研究所）设置相对湿度 RH=50%，将样品放置其中。定时取出测定色差表面接触角和拉伸强度等性能，最长周期为 70 天。

2. 紫外光老化

选择文物保护材料的目的是使脆弱文物原本的性能得到改善和提

图 4-28
相对湿度 RH=50% 试验装置

图 4-29
相对湿度 RH=0 试验装置

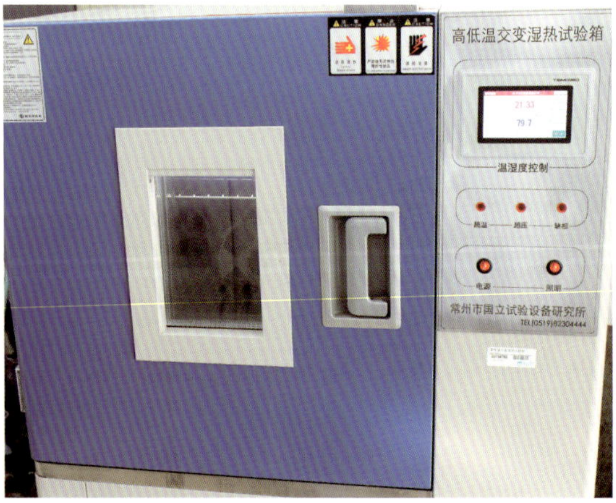

高。紫外线对高分子材料性能的破坏较大，因此应用在文物上的保护材料应具有较好的耐紫外线老化的功能。本实验目的在于筛选耐紫外光老化的高分子材料。

按照《塑料实验室光源暴露试验方法第3部分：荧光紫外灯》(GB/T 16422.3−1997) 要求进行，将样品用切纸机切成合适尺寸的试片，安装在样品架上，标注照射面（迎光面）。试验仪器为常州市国立实验设备研究所的ZN-P紫外光耐气候试验箱，采用UVA-340光源。每个循环光照时间8 h，黑板温度60 ℃，凝露时间4 h，黑板温度50 ℃。如此反复循环，定期观察，测量色差表面接触角和拉伸强度等性能，老化时间最长周期为50天。

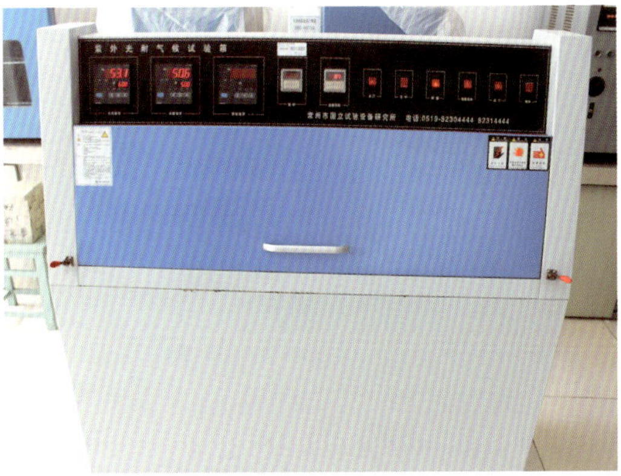

图4-30
紫外光老化试验仪器

图4-31
紫外光老化试验

3. 表征手段

（1）色差测定

按照《塑料在玻璃下日光、自然气候或实验室光源暴露后颜色和性能变化的测定》(GB/T 15596−2009) 进行，由于样品是透明或近透明体，为方便比较，在所有样品下垫3张同批A4打印纸衬底，每种样片平行测试3片，测定不同试验时间的色度值，并以老化前为基准值计算色差，结果取平均值。测定仪器为北京辰泰克仪器技术有限公司的ADCI-60全自动测色色差计。

（2）光泽度测定

按照《色漆和清漆不含金属颜料的色漆、漆膜之20°、60°和85°镜面光泽的测定》(GB/T 9754−1988) 进行。由于样品是透明或近透明体，为方便比较，在所有样品下垫3张同批A4打印纸衬底，每种

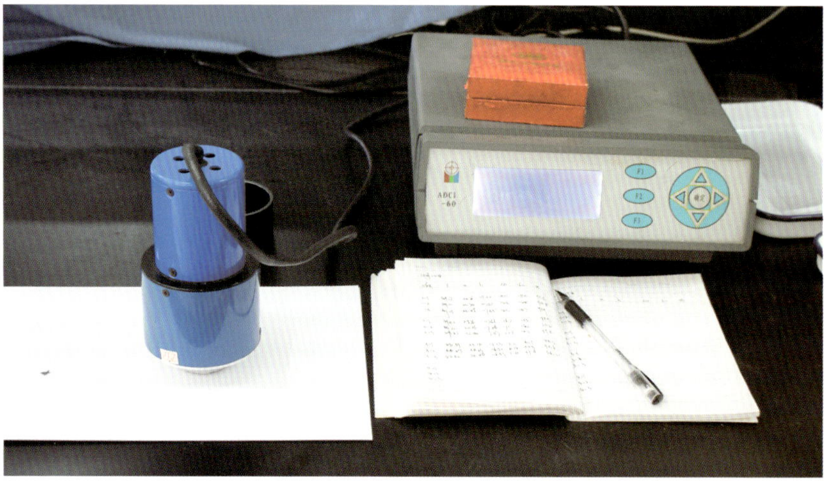

图 4-32
色差测定

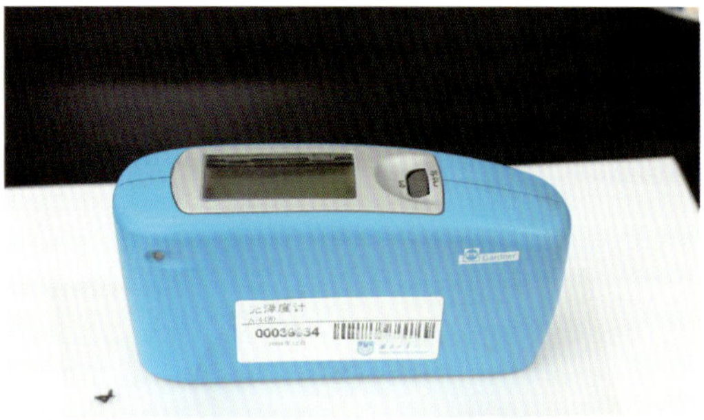

图 4-33
光泽度测定

图 4-34
JC2000D 接触角测定仪

样片平行测试 3 片，测定不同试验时间的光泽度值，并以老化前为基准值计算差值。测定仪器为德国 BYK 三角度光泽计。

（3）接触角测定

将样品剪裁成 20 mm × 20 mm 的样片进行老化实验，每种样片平行测试 3 片，测定不同试验时间接触角，结果取平均值。测试仪器为 JC2000D 接触角测定仪。

（4）拉伸性能测试

按照《塑料拉伸性能的测定第 3 部分：薄膜和薄片的试验条件》（GB T 1040.3−2006）进行，试件为 5 型号标准哑铃形样片，有效宽 6 mm，总长 115 mm，标距 25 mm。试件采用标准裁刀截取，标距线使用记号笔标记，厚度均为样品原始厚度。PVC 和 PC 样拉伸速度为 100 mm/min，EVA 样拉伸速度为 200 mm/min，每组 4 片，结果取平均值。测定仪器为中科院长春科新公司试验设备研究所 WDW3100 万能材料试验机。

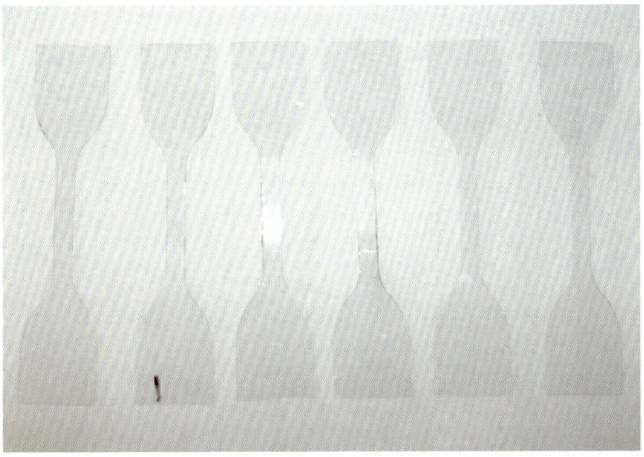

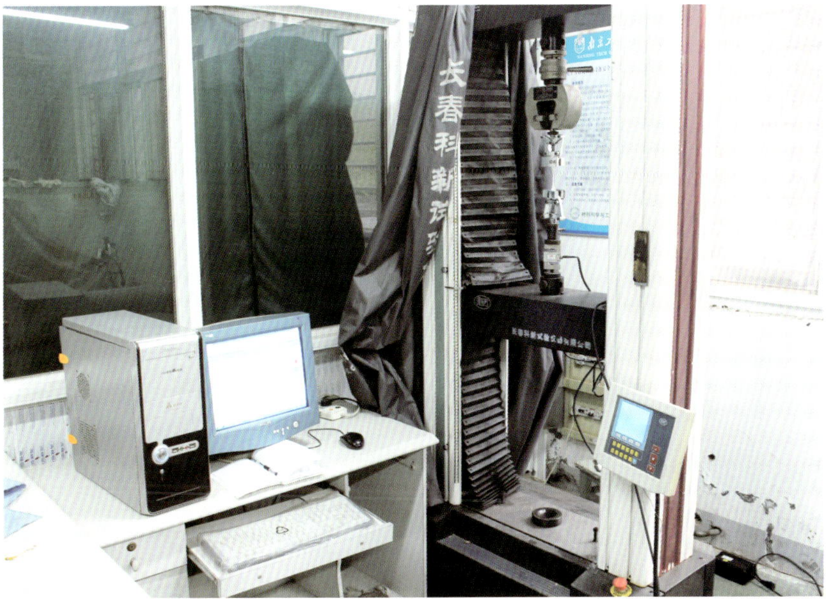

图 4-35
拉伸性能测定试件 1

图 4-36
拉伸性能测定试件 2

图 4-37
拉伸性能试验仪器

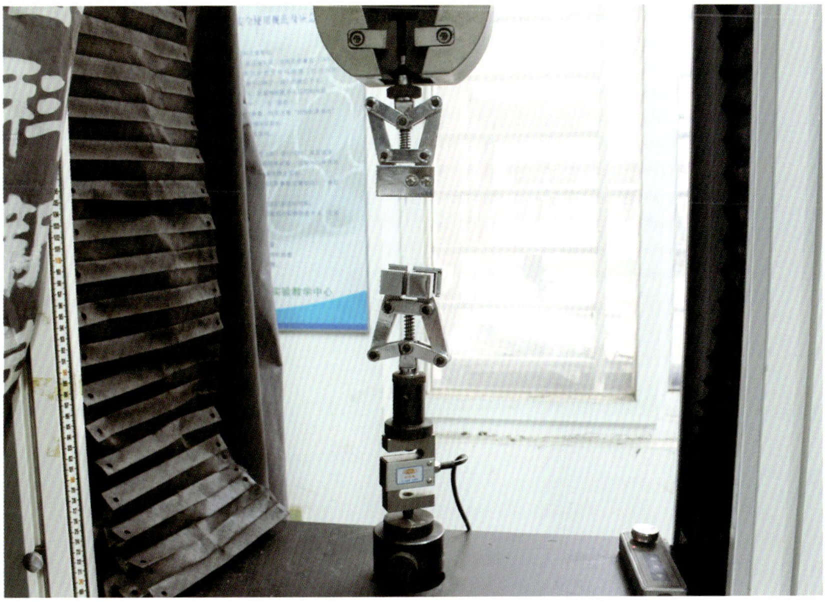

图 4-38
拉伸性能夹具

结果与讨论

1. 干燥环境老化结果讨论

4 种样品在空气相对湿度 RH=0 和 RH=50% 时的老化周期见表 4-3，不同时间分别取样测定色差、光泽度、接触角和力学性能。

表 4–3　干燥环境下样品老化周期

编号	材料名称	老化周期（d）										
1	PVC	0	7	14	21	28	35	42	49	56	63	70
2	PC	0	7	14	21	28	35	42	49	56	63	70
3	EVA-1	0	7	14	21	28	35	42	49	56	63	70
4	EVA-1	0	7	14	21	28	35	42	49	56	63	70

（1）色差结果讨论

观察图 4-39~4-42 可知，4 种样品在 RH=0 环境老化时，外观均无较大变化，色差值有不同程度的增大，但 ΔE 变化值不超过 2，肉眼几乎无法察觉。实验过程中观察发现，随着时间增加，外观有轻微变化，主要是表面吸附轻微灰尘引起的，可能由静电作用导致。结

图 4-39
PVC 紫外光老化不同时间外观

图 4-40
PC 紫外光老化不同时间外观

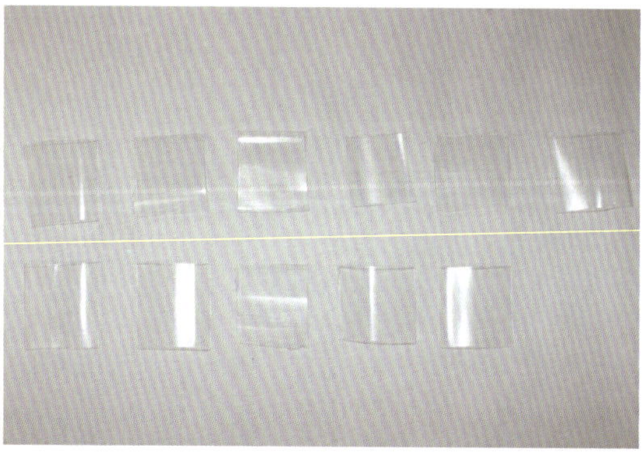

图 4-41
EVA-1 紫外光老化不同时间外观

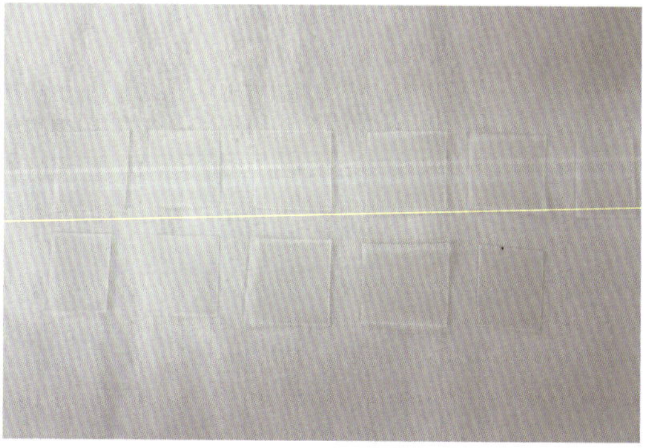

图 4-42
EVA-2 紫外光老化不同时间外观

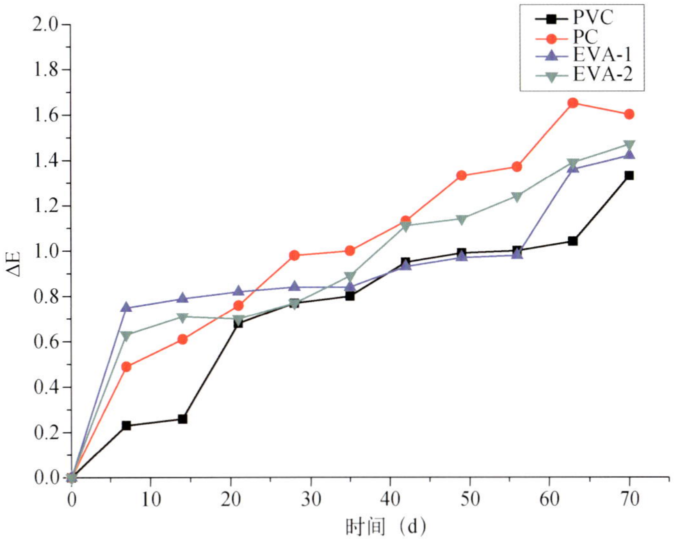

图 4-43
RH=0 四组样品 ΔE 变化图

果说明这 4 种材料在 RH=0 时均有良好的耐久性，应用环境应洁净少尘。

观察图 4-44~4-47 可知，4 种样品在 RH=50% 环境老化时，外观均无较大变化，色差值有不同程度的增大，ΔE 变化值不超过 3。随着时间增加，外观有肉眼可见的轻微变化，主要是表面吸附轻微灰尘引起的，可能由静电作用导致。结果说明这 4 种材料在 RH=50% 时

图 4-44
PVC 紫外光老化不同时间外观

图 4-45
PC 紫外光老化不同时间外观

图 4-46
EVA-1 紫外光老化不同时间外观

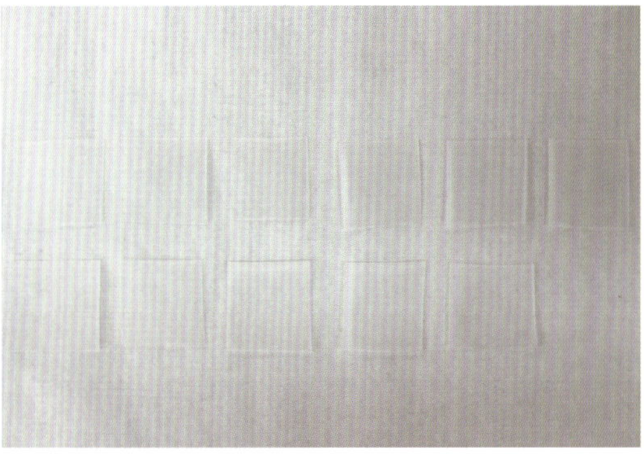

图 4-47
EVA-2 紫外光老化不同时间外观

图 4-48
RH=50% 4 组样品 ΔE 变化图

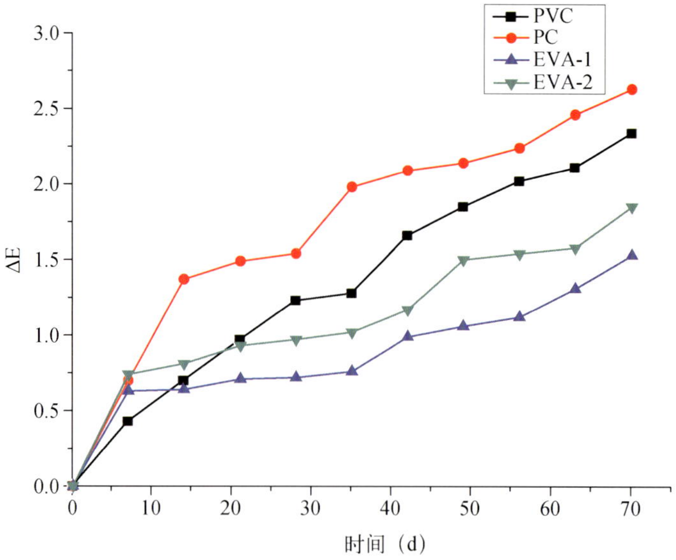

均有较好的耐久性，应用环境应洁净少尘。

（2）光泽度结果讨论

用数字表示物体接近镜面的程度称之为光泽度，数值越大越接近镜面。观察表 4-4 可知，PVC、PC 光泽度较好，反射光源的能力较强；EVA-1、EVA-2 光泽度较低，接近哑光。

RH=0 老化过程中 20°、60° 和 85° 下波动与测定误差同级别相当，可以认为无变化。

表 4-4　RH=0 老化 70 天光泽度变化

材料	几何角度		
	20°	60°	85°
PVC	145	158.67	90.53
	144.37	148.68	93.14
PC	192.33	178	101
	185	169	98.36
EVA-1	3.93	31.63	28.43
	3.07	29.27	37.93
EVA-2	1.13	5.00	2.70
	1.03	4.23	2.47

表 4-5 RH=50% 老化 70 天光泽度变化

材料	几何角度		
	20°	60°	85°
PVC	145	158.67	90.53
	141	150	91.53
PC	192.33	178	101
	181.33	171	96.67
EVA-1	3.93	31.63	28.43
	3.2	28	34.63
EVA-2	1.13	5.00	2.70
	1.03	4.3	2.3

RH=50% 老化过程中 20°、60° 和 85° 下波动与测定误差同级别相当，可以认为无变化。

（3）接触角结果讨论

观察图 4-49 可知，RH=0 时 4 种材料接触角均有所下降，但下降幅度都不大，趋势接近。

观察图 4-50 可知，RH=50% 时 4 种材料接触角均有所下降，其中 PVC 接触角下降幅度最大，由 92.5° 降低至 82°，其他 3 种材料下降幅度趋势比较接近。

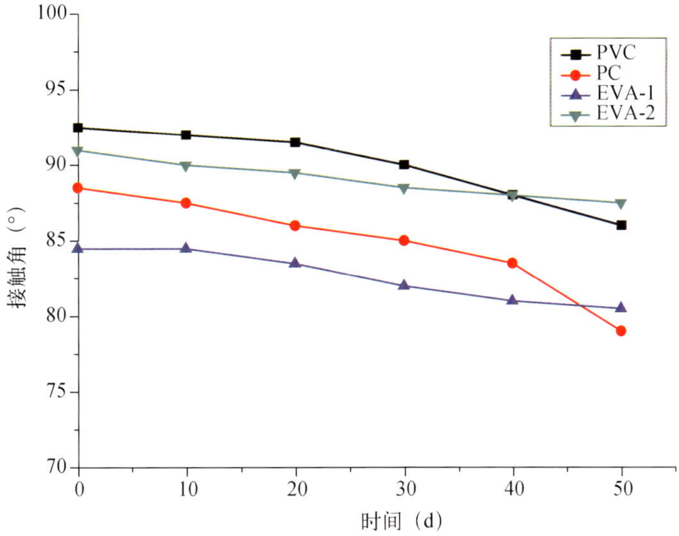

图 4-49
RH=0 接触角随老化时间变化示意图

图 4-50
RH=50% 接触角随老化时间变化示意图

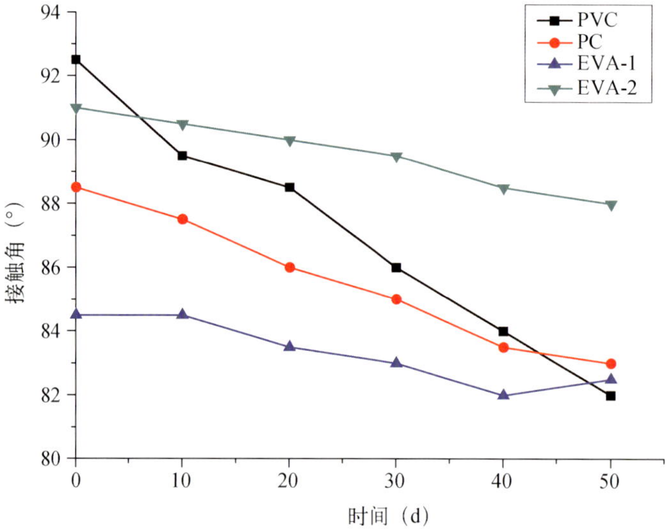

（4）力度结果讨论

观察图 4-51、4-52 可知，PVC 和 PC 拉伸强度大、弹性较小、柔韧性差；EVA-1 和 EVA-2 有一定的强度，具有良好的柔韧性。4 种样品在 RH=0 环境老化时，拉伸强度和断裂伸长率基本不变，其数值波动与测定误差同级别，可以认为无变化。

观察图 4-53、4-54 可知，4 种样品在 RH=50% 环境保存时，拉伸强度和断裂伸长率基本不变，其数值波动与测定误差同级别，可以认为无变化。

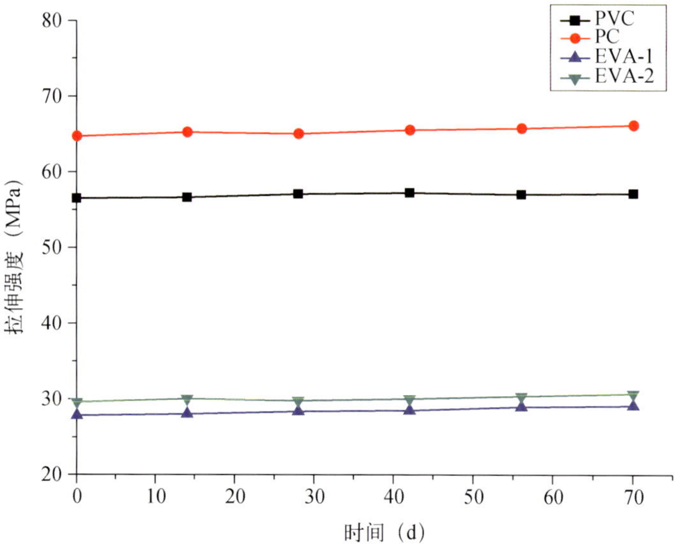

图 4-51
4 种材料在 RH=0 时最大断裂力与老化时间的关系图

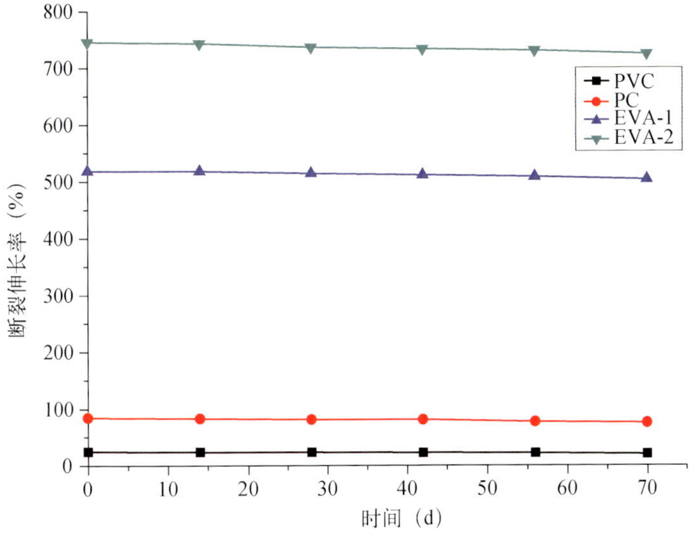

图 4-52
4 种材料在 RH=0 时断裂伸长率与老化时间的关系图

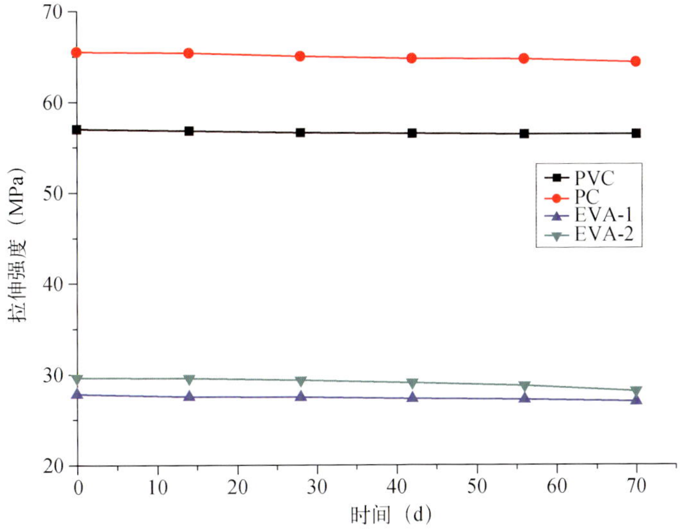

图 4-53
4 种材料在 RH=50% 时最大断裂力与老化时间的关系图

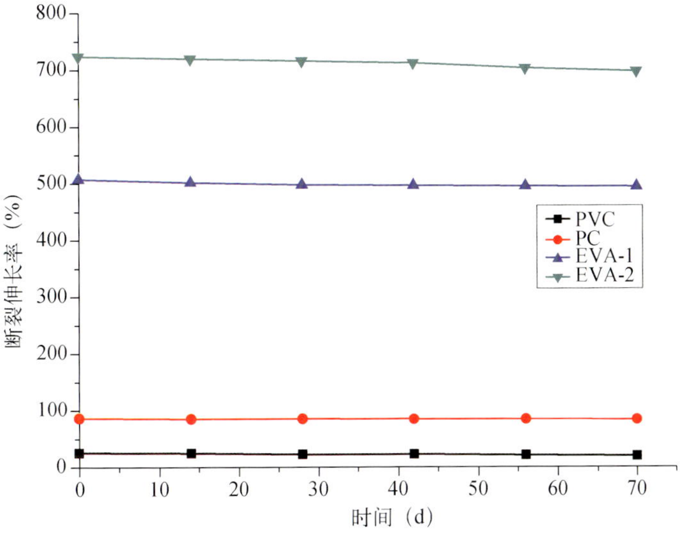

图 4-54
4 种材料在 RH=50% 时断裂伸长率与老化时间的关系图

综上所述，4 种材料在干燥的环境中均有较良好的耐久性，在不同相对湿度下老化 70 天后，色差均轻微增大，其中 RH=0 时 ΔE 变化值不超过 2，RH=50% 时 ΔE 变化值不超过 3。光泽度轻微降低，肉眼观察几乎没有差别，4 种材料均会吸附灰尘，使用环境应清洁少尘。力学强度没有明显变化，PVC 和 PC 拉伸强度大、弹性较小、柔韧性差；EVA-1 和 EVA-2 有一定的强度，具有良好的柔韧性。PVC 和 PC 光泽度较好，反射光源的能力较强；EVA-1 和 EVA-2 光泽度较低，接近哑光。

2. 紫外光老化结果讨论

4 种样品紫外光老化周期见表 4-6，不同时间分别取样测定色差、光泽度、接触角和力学性能。

表 4-6　样品紫外光老化性能测定周期

编号	材料名称	外观（色差、光泽度）老化周期（d）	力学性能老化周期（d）
1	PVC	0、2、4、6、8、10、12、14、16、18、20、22、24、26、28、30、40、50	0、7、14、21、28
2	PC		
3	EVA-1		
4	EVA-2		

（1）色差结果讨论

观察图 4-55~4-58 可知，PVC 样品色差变化最大，抗黄变能力较差。经过紫外光老化，其外观明显变化，由无色透明变为深咖啡色，同时透明度也明显下降，50 天色差为 112.35；PC 样品经紫外光老化，其外观有轻微变化，由无色变为浅米色，50 天色差为 5.44，透明度轻微下降；EVA-1 样品经紫外光老化，其外观相对轻微变化，由无色变为略有浅黄色，50 天色差为 14.26，透明度轻微下降；EVA-2 样品经紫外光老化，其外观有较明显变化，由无色变为略有浅黄色，50 天色差为 17.95，透明度增加。因此，PVC 样品耐紫外光老化性能极差，PC、EVA-1 和 EVA-2 有较好的耐紫外光老化性能。

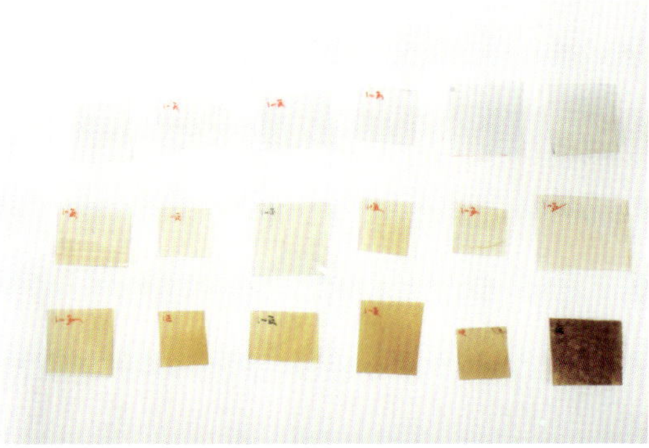

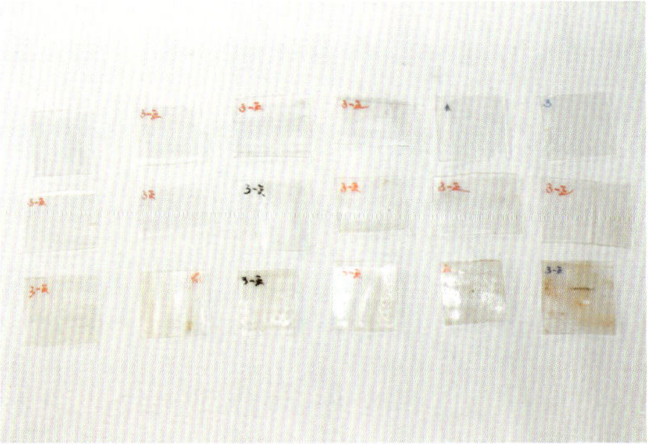

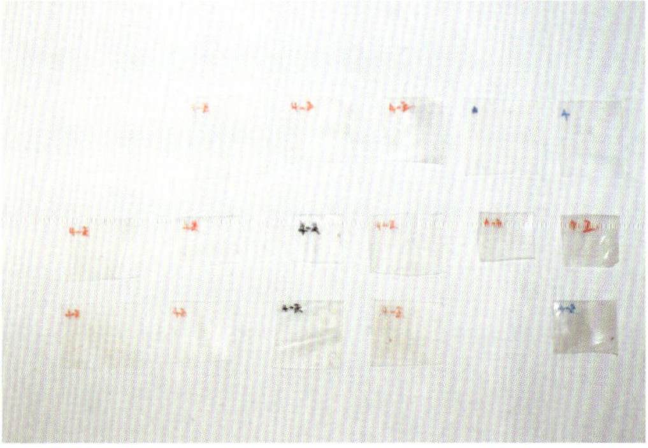

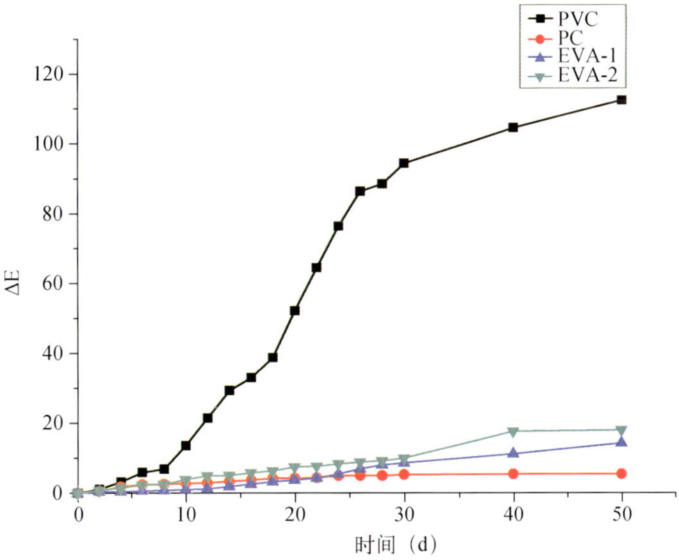

图 4-55
PVC 紫外光老化不同时间外观

图 4-56
PC 紫外光老化不同时间外观

图 4-57
EVA-1 紫外光老化不同时间外观

图 4-58
EVA-2 紫外光老化不同时间外观

图 4-59
紫外老化 4 组样品 ΔE 变化图

（2）光泽度结果讨论

观察表 4-7 可知，PVC 样品经紫外光老化，其光泽度明显下降，20°、60° 和 85° 波动数值均为 50% 左右；PC 在 20° 时光泽度有明显下降，在 60° 和 85° 时有轻微降低；EVA-1 和 EVA-2 光泽度几乎没有变化。

表 4-7　紫外光老化 50 天光泽度变化

材料	几何角度		
	20°	60°	85°
PVC	145	158.67	90.53
	47.17	77.73	57.47
PC	192.33	178	101
	136	156	98.63
EVA-1	3.93	31.63	28.43
	1.63	31.83	28.93
EVA-2	1.13	5.00	2.70
	0.9	3.87	0.97

（3）接触角结果讨论

随着紫外光老化的进行，4 种材料在相同老化条件下润湿角的变化趋势是一致的，润湿角均由大变小。这是由于紫外线破坏了材料表面性能，降低了材料表面的憎水性。观察图 4-60 可知，PVC 接触角下降幅度最大，表面性能最差，PC 次之，EVA-1 和 EVA-2 也有不同程度的降低。

（4）力度结果讨论

观察图 4-61、4-62 可知，PVC 样品经紫外光老化，其拉伸强度略降低，断裂伸长率有较明显下降，28 天下降 40%，说明样品变脆；

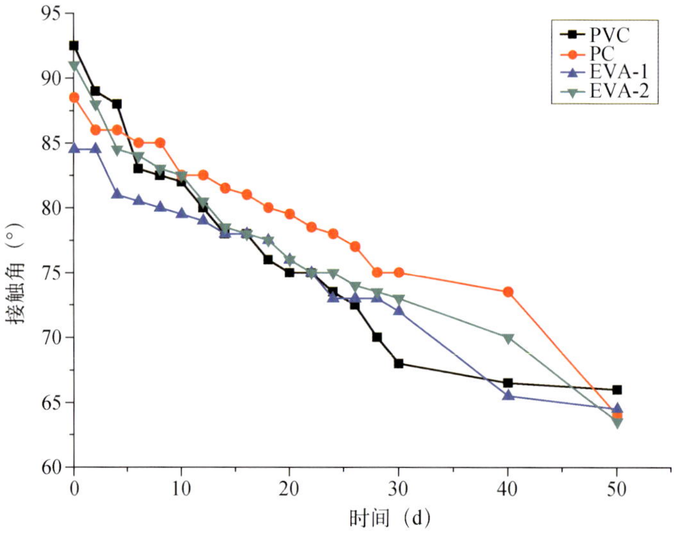

图 4-60
接触角随老化时间变化示意图

PC 样品经紫外光老化，其拉伸强度略下降，断裂伸长率有较明显下降，28 天下降 23%，说明样品变脆；EVA-1 样品经紫外光老化，其拉伸强度降低，28 天下降 10.8%，断裂伸长率略降低，28 天下降 4.9%；EVA-2 经紫外光老化，其拉伸强度降低，28 天下降 11.8%，断裂伸长率略降低，28 天下降 5.1%。

综上所述，4 种材料经紫外光老化时性能各异：PVC 色差变化最大，抗黄变能力较差，其余 3 种样品外观有轻微变化，由无色变为浅米色，有较好的耐紫外光老化性能。PVC 经紫外光老化，其光泽度明显下降，在 20°、60° 和 85° 时波动数值均为 50% 左右；PC 在 20°

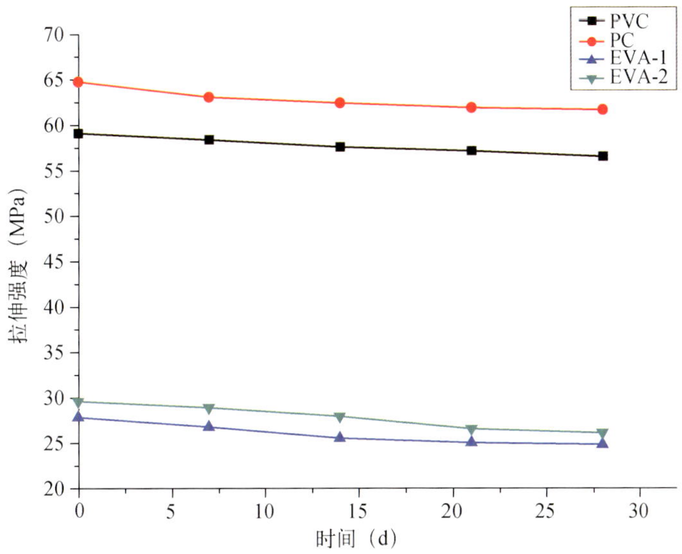

图 4-61
4 种材料经紫外光老化最大断裂力与老化时间的关系图

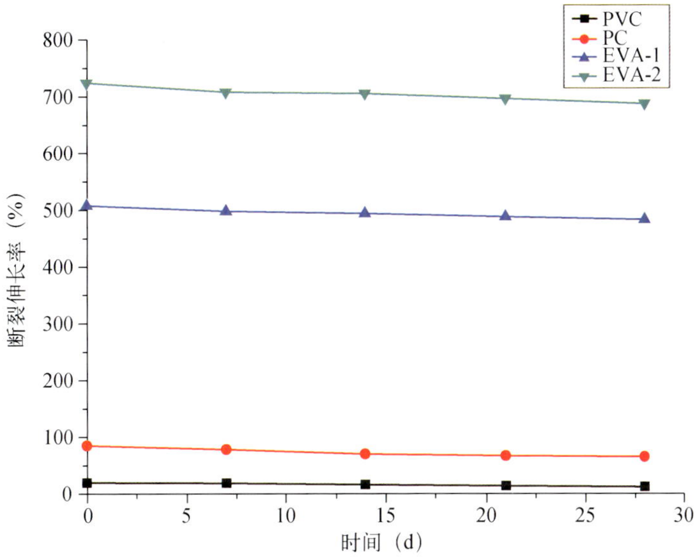

图 4-62
4 种材料经紫外光老化断裂伸长率与老化时间的关系图

时光泽度有明显下降，在 60° 和 85° 时有轻微降低；EVA-1 和 EVA-2 光泽度几乎没有变化。随着紫外光老化的进行，4 种材料润湿角均由大变小。PVC 和 PC 经紫外光老化，其拉伸强度均降低，断裂伸长率明显下降，说明样品变脆；EVA-1 和 EVA-2 经紫外光老化，其拉伸强度降低，降幅尚可，断裂伸长率略降低，可认为变化程度不大。

保护材料性能实验总结

第一，干燥环境对保护材料性能破坏较小，4 种材料在干燥环境下的性能均比较稳定；紫外光老化对保护材料的性能影响较大，PVC 的色差与光泽度，PC 的光泽度均有较大程度的下降，EVA-1 和 EVA-2 的色差、光泽度和接触角也有一定程度的下降。考虑到摇钱树修复后需要展出，应选择耐紫外光老化的保护材料。

第二，PVC 和 PC 拉伸强度大、弹性较小、柔韧性差，而 EVA-1 和 EVA-2 有一定的强度，具有良好的柔韧性。本次修复青铜器精细构件，保护材料不仅要提供一定的支持力，还需要材料本身具有良好

表 4–8　4 种样品不同老化条件下性能汇总

老化条件	性能	材料			
		PVC	PC	EVA-1	EVA-2
未老化	拉伸强度（MPa）	56.51	64.74	27.87	29.61
	断裂伸长率（%）	20	84.8	508	724
RH=0 存放 70 天	色差（NBS）	1.04	1.33	1.42	1.47
	60° 光泽度变化值（lm）	−9	−9	−1.7	0.8
	拉伸强度（MPa）	57.17	66.2	29.13	30.74
	断裂伸长率（%）	21.5	75.5	518	745
RH=50% 存放 70 天	色差（NBS）	2.34	2.63	1.53	1.85
	60° 光泽度变化值（lm）	−8	−7	−3	−0.7
	拉伸强度（MPa）	56.51	64.29	27.21	28.11
	断裂伸长率（%）	25	87	496	697
紫外光老化 28 天	色差（NBS）	88.46	4.26	8.04	9.17
	60° 光泽度变化值（lm）	−40	−16	−13.1	0.3
	拉伸强度（MPa）	59.10	61.67	24.85	26.12
	断裂伸长率（%）	12	65	483	687

的柔韧性，不易老化、发脆。

第三，EVA-1 和 EVA-2 比较适合本次修复、加固青铜器的要求，具体选择哪种保护材料，需要在实践中确定。

实际应用

1. 修复工艺

经过反复试验探索，最终确定热塑性树脂加固青铜精细部件。修复工艺：清理干净青铜器连接处，将热塑性树脂薄膜剪裁成合适的形状，把剪裁好的薄膜套在青铜器连接处，使用吹风机持续加热 30 s，待薄膜受热软化后将其收紧即可。

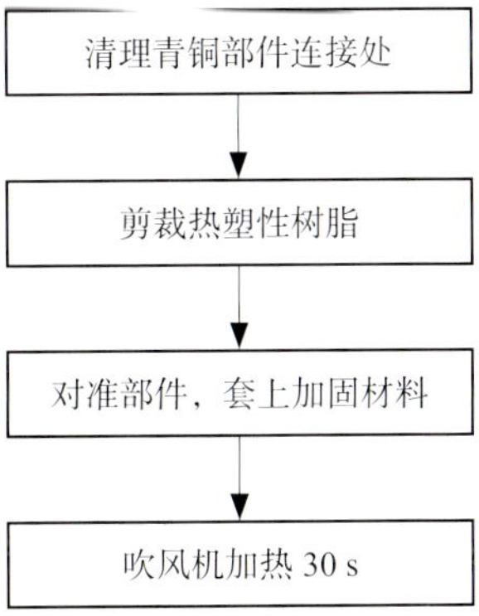

图 4-63
修复工艺流程图

2. 材料选择

将 EVA-1 和 EVA-2 剪裁成合适的形状，由图 4-64~4-67 可知：EVA-1 加热冷却后颜色几乎透明，体积大幅度紧缩，包裹性好，用它加固后的青铜部件较稳固、不易移位；EVA-2 加热冷却后颜色发黄，体积未见大幅度紧缩，包裹性略差，用它加固后的青铜部件有轻微移位现象。因此，最终选择 EVA-1 作为本次修复的加固材料。

图 4-64
EVA-1 材料

图 4-65
使用 EVA-1 修复效果

图 4-66
EVA-2 材料

图 4-67
使用 EVA-2 修复效果

3. 应用实践

选择 EVA-1 作为加固材料，按照修复工艺流程进行实际修复，修复结果见图 4-70、4-71。

图 4-68
树叶修复前

图 4-70
树叶修复后

图 4-69
树干修复前

图 4-71
树干修复后

汉代摇钱树保护罩及辅助固定的制作

汉代摇钱树由 59 个部件构成，要将这么多单薄脆弱的构件拼装到 2.15 m 高的大树上，难度大、风险高，任何一个部件出现问题，都极有可能会使整个摇钱树倒塌、损毁。

为将摇钱树组装起来，更好地服务于大众，在与陈列部和典藏部同事探讨后，设计制作了摇钱树保护罩及辅助固定装置。采用分体支撑和多点悬挂相结合的方式，将每个部件的重力重新规划和布局，减少部件之间的直接重力作用。固定装置由总承重支架、主干辅助支架、承重吊装、配重盘、分体保护罩、叶片支架及多种定制配件组成，能够解决摇钱树安装时的重力分配问题，以及文物搬运和保存时的固定问题。

文物修复总结

南京博物院的藏品汉代摇钱树组装起来高达 2.15 m，是目前已知最大的摇钱树组件，核心组成部件多达 36 件。它顶端的凤鸟造型，

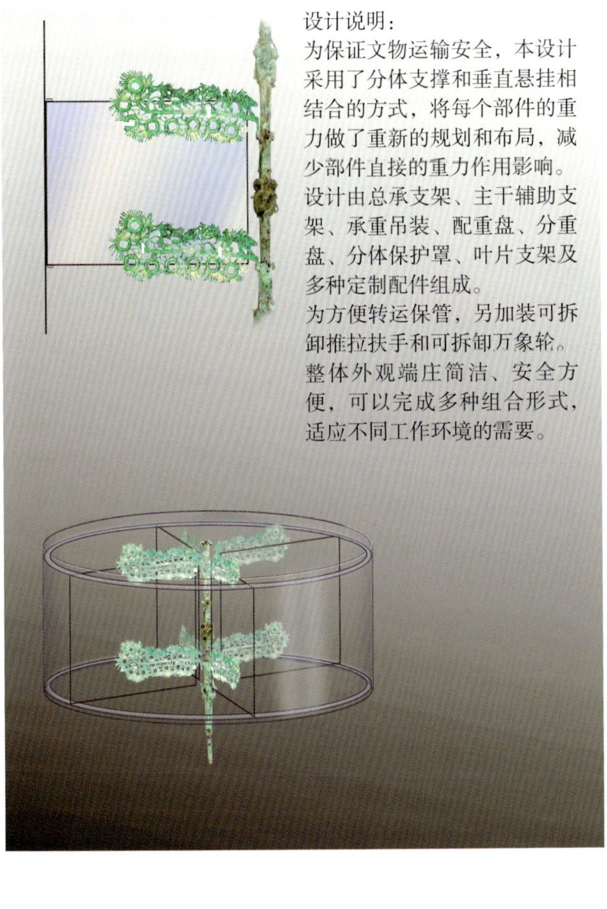

图 4-72
摇钱树固定装置设计图

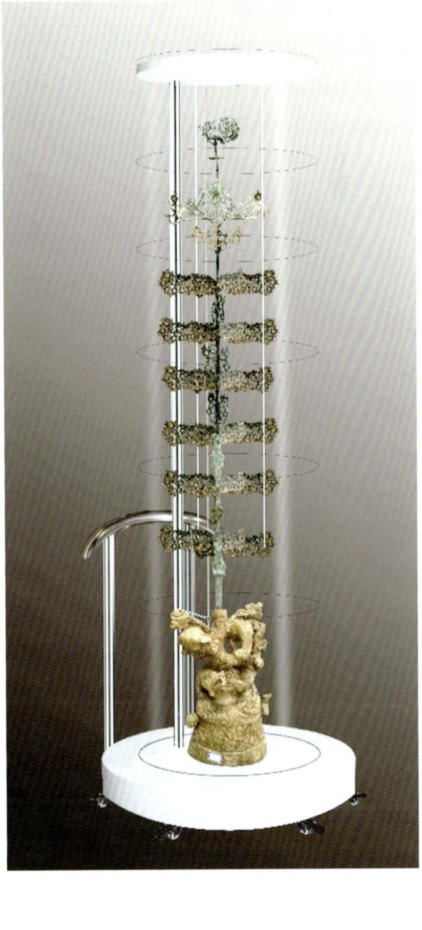

图 4-73
摇钱树固定装置效果图

图 4-74
摇钱树拼装

抖羽开屏、昂首放鸣、器宇轩昂、气势非凡、苍劲幽鸣、栩栩如生，具有较高的艺术价值。其肋下双翅为两件活动的组插部件，可轻易组装、拆卸，是古代青铜摇钱树铸造工艺与古代人文化取向相关联的重要证据，对于探究青铜摇钱树的历史价值具有重要的实物参考价值。特别值得一提的是树干第 2 段上下 3 层共计 12 片树枝部件，包含了丰富的主题造型，如人、兽、鹿、鸟等，甚至存在疑似神龛的造型，其文化内涵极为丰富，是研究当时社会生活、神学观念、宗教信仰等领域的有力物证。

图 4-75
摇钱树修复后

整组文物修复成功后，不仅能强化文物本体的整体强度，真切反映历史文化信息，更好地服务于公众展示，同时也能为相关学术研究提供不可多得的实物资料和重要依据。

孙中山铜像

文物历史背景

孙中山（1866—1925），幼名帝象，字德明，号日新，后改号逸仙，1897 年在日本化名“中山樵”，“孙中山”之名即由此而来。他是杰出的爱国主义者和民族英雄，中国民主革命的伟大先行者。作为20 世纪三大伟人之一，孙中山先生站在时代的前列，以其卓越的洞察力和“愈挫愈奋”的精神，带领中国人民挣脱封建的羁縻，跑出了向现代社会进发的第一棒。

1894 年，上书李鸿章遭拒绝后，孙中山决心以革命手段推翻清廷的腐朽统治。同年 11 月在檀香山创建兴中会，提出“振兴中华”的口号。1905 年，组建中国历史上第一个资产阶级革命政党——同盟会，并确定“驱除鞑虏，恢复中华，建立民国，平均地权”的革命纲领；创办《民报》与改良派进行论战，同时积极发展同盟会组织，联络华侨、会党和新军，先后组织发动多次武装起义。1912 年1 月 1 日，在南京宣誓就任中华民国临时大总统，从而结束了统治中国两千多年的封建帝制。1913 年，发动“二次革命”讨伐袁世凯失败后避走日本。1914 年，在日本东京建立中华革命党，被推举为总理。1916 年 5 月，返回上海继续组织反袁斗争，发表《民权初步》。1917 年，赴广州组织护法军政府，就任中华民国军政府海陆军大元帅，誓师北伐。护法失败后，1918 年回到上海，总结革命经验和教训，发奋著述。1919 年，发表《孙文学说》《实业计划》，将中华革命党改组为中国国民党。1921 年，在广州就任中华民国政府非常大总统。1922 年，因陈炯明叛变，退居上海；在中共和苏俄的帮助下，着手改组国民党。1924 年 1 月，召开中国国民党第一次全国代表大会，确立联俄、联共、扶助农工的三大政策，重新解释三民主义，实现了第一次国共合作。1925 年 3 月 12 日，在北京逝世。

孙中山先生的一生，是为近代中国的民族独立、民族自由、民族幸福无私奉献的一生，是为实现国家统一、振兴中华而殚精竭虑的一生。他传承先进文化，努力用近代文明荡涤封建主义思想意识污秽，推进了中国传统文化现代化的进程，为中华民族的伟大复兴做出了重要的历史性贡献。

1929 年 6 月 1 日，根据孙中山的生前遗愿，将陵墓永久迁葬于南京紫金山中山陵。南京东部中山陵东、灵谷寺西的林海中，溪流绿树掩映着一座古典建筑，它依山而建，气势恢宏，这就是保存展示一代伟人孙中山先生史迹的博物馆——孙中山纪念馆。来到这里，首先

图 4-76
孙中山铜像

映入眼帘的是广场中央石阶上矗立的一座孙中山全身铜像。这尊铜像以孙中山向民众发表演说的姿势为造型，气势磅礴、栩栩如生。

这尊铜像是孙中山生前的日本友人梅屋庄吉赠送的，他与孙中山、宋庆龄夫妇有着生死之交与亲密无间的友情。1895 年，孙中山从檀香山回到香港策划反清起义，有着侠义风范的梅屋庄吉慷慨解囊，之后孙中山在日本发起成立中国同盟会，梅屋庄吉便联合支持中国革命的日本友人，在东京乐町设立“中国同盟会后援事务所”，主要任务是从经济上支持同盟会。在孙中山流亡日本期间，梅屋庄吉积极支援孙中山和中华革命党的反袁活动。孙中山逝世后，梅屋庄吉一心从事中日友好事业，为了宣传孙中山的丰功伟绩并提醒人们继承其遗志，他出资铸造了多尊孙中山铜像，分别立于中国和日本。在孙中山纪念馆藏经楼前屹立着的孙中山铜像，现在已有 80 多年的历史，被评为国家一级文物。这座铜像最早立于南京市新街口，也是新街口的第一座铜像，后辗转多地才来到了中山陵。

文物保存现状

孙中山铜像总高 2.6 m，重 1 t 多，以孙中山向民众发表演讲的姿势为造型。为使孙中山立像显得更加庄严肃穆，铜像表面原来是有一层黑色锈层覆盖的，但多年来铜像一直存放于室外的自然环境中，致

图 4-77
孙中山铜像面部

图 4-78
孙中山铜像胸部

使铜像的黑色锈层表面出现了夹杂淡绿色和白色的锈蚀污染物。这些斑驳的白色锈蚀污染物严重影响了孙中山先生的形象，相关媒体也报道了其“正在被腐蚀损坏”。

对此，南京市委、市政府和中山陵园管理局都高度重视，立即联系南京博物院，希望对孙中山铜像进行去除白色锈蚀污染物的保护处理工作，维护孙中山先生的伟人形象。

保护修复方案

成分分析

1. 无损 X 荧光成分分析

我们采用无损 X 荧光元素分析仪对铜像进行了无接触探样分析，

分析结果表明：铜像本体除铜元素外，还含有铅、锌等成分，基体成分为青铜，铜像表面基层没有变色的黑色部位主要成分为硫化铜，经酸腐蚀后，产生碱式碳酸铜等无机盐，表现为白色、绿色物质，富集于铜像表面，雨水多年沿铜像勾缝流淌，便形成“一条条汗渍”。据此，排除了白色物质为鸟粪的假设，并且可以认定当年铸造该铜像时，表面进行了硫化处理，使得铜像呈黑色，不仅增添了铜像庄严厚重的感觉，还能起到较好的保护作用。

2. 铜像表面的无损形貌分析

采用 DG-3 掌上型数位显微镜在现场对铜像表面进行微观形貌分析。

从硫化铜微观形貌上看，表面疏松多孔，很容易在有水的情况下，产生局部加速腐蚀的现象。

经 X 荧光无损分析，确定淡绿色腐蚀产物的主要成分是碳酸铜，

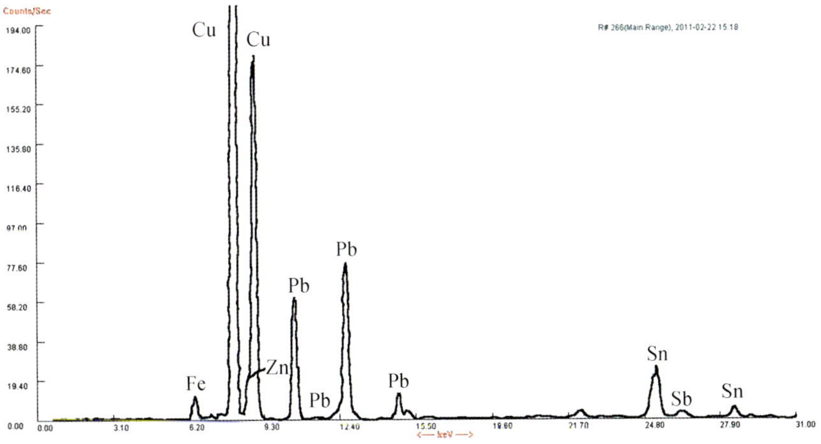

图 4-79
铜像表面金属元素成分分析

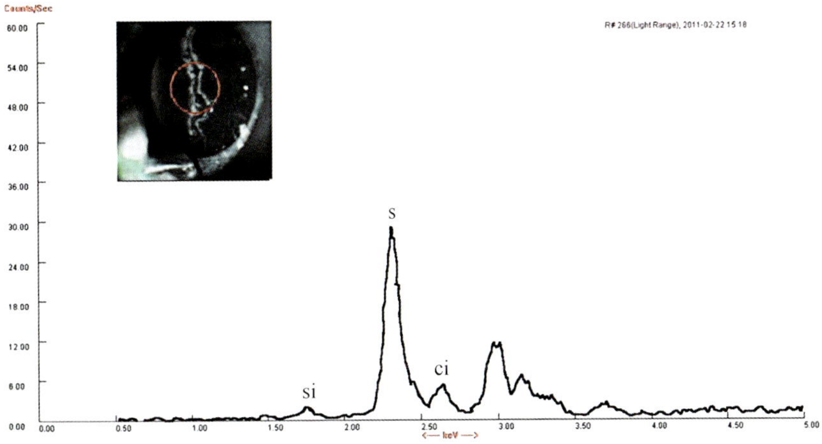

图 4-80
铜像表面阴离子元素成分分析

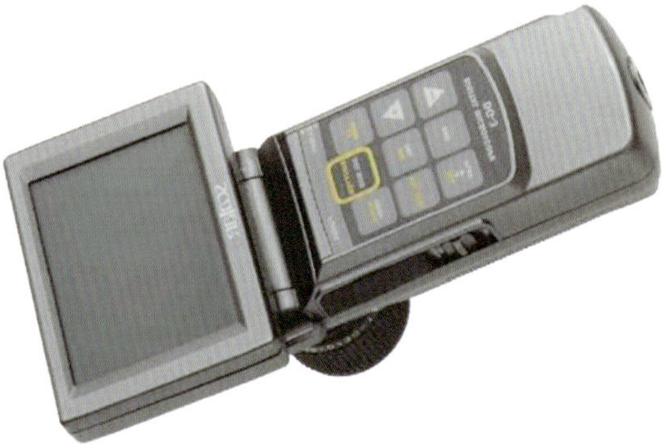

图 4-81
DG-3 掌上型数位显微镜

其形态膨松、相对密度小、体积较大、矿化严重，是局部加速腐蚀的产物。

3. 铜像现场的大气环境检测

孙中山铜像自制作完成之后，多年来一直处于室外的自然环境中，通过检测铜像的外部大气环境，对于找出铜像表面生锈的病因应该是有很大帮助的。因此，我们请了南京大学现代分析中心的分析人员，对铜像现场分别做

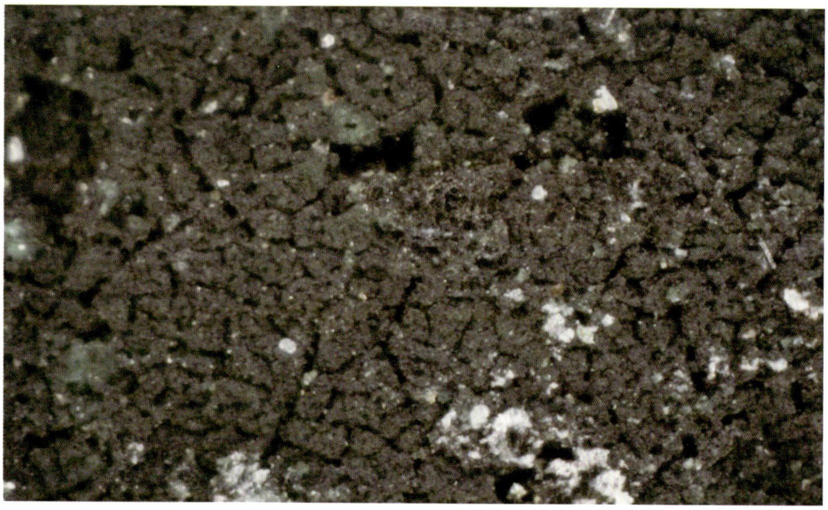

图 4-82
铜像表面黑色硫化铜微观形貌

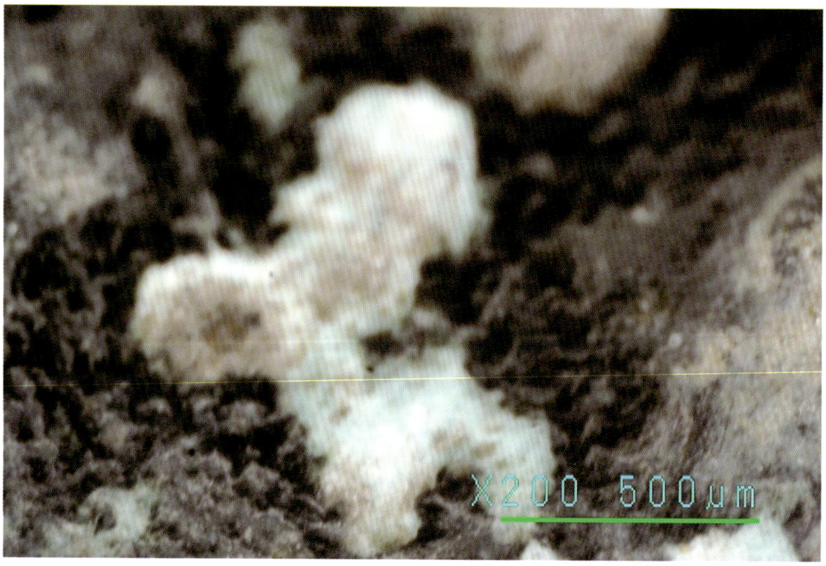

图 4-83
腐蚀产物绿色碳酸铜的微观形貌

了采集大气检测和采集降水检测。

通过检测发现，铜像周边空气中含有二氧化硫、氮氧化物等有害气体，但是含量很低，低于国家一级标准，表明空气质量较好，对铜像表面锈层的影响不大，引起铜像腐蚀的因素很可能是雨水。

表 4-9 现场采集部分大气参数检测结果

检测项目	检测结果（mg/m^3，1 h 均值）	参考限制（一级标准）（mg/m^3，1 h 均值）
二氧化硫	0.04	0.15
氮氧化物	0.07	0.15
二氧化氮	0.05	0.12

表 4-10 现场采集降水检测结果

名称	数值
pH	5.36
电导率	56 μS/cm
硫酸根离子	40 mg/l
氯离子	0.3 mg/l
氟离子	0.02 mg/l
硝酸根离子	6.03 mg/l

检测结果表明，孙中山铜像周边雨水属于典型的酸性雨，其中含有较强的硫酸根、硝酸根等成分，这些物质与铜本体上的硫化铜发生一系列的复杂反应，最终导致了铜像黑色硫化铜本体腐蚀成为淡绿色碳酸铜，这是表面出现白色锈蚀污染物的主要原因。

具体操作

1. 通过化学反应，将淡绿色碳酸铜转化为黑色硫化铜

通过实验室的一系列试验，确定以稀硫化钾的碱溶液和稀硫化钠的水溶液为转化剂。

$CuCO_3 \cdot Cu(OH)^2$（绿色）$+NaS \rightarrow CuS$（黑色）$+Na_2CO_3+H_2O$

2. 现场试验

（1）选材试验

分别使用稀硫化钾和稀硫化钠做实验块，在铜像本体上小面积涂刷，

以观察材料的实验效果。经涂刷实验后发现，硫化钾现场试验作用不明显，而硫化钠在铜像上与淡绿色的碳酸铜反应后，可形成黑色硫化铜，并且时间短、效果明显。因此，确定选用稀硫化钠作为转化剂。

（2）操作方法实验

使用宣纸分别浸泡不同稀释比例的硫化钠，并对宣纸贴敷在铜像上的反应时间进行实验。以图 4-84 所示的 9 个实验块为参照，从左至右硫化钠用蒸馏水稀释的比例依次为 2%、3% 和 5%；从上至下宣纸贴敷时间分别为 1 min、3 min 和 5 min。反复观察比较 9 个实验区的转化效果后发现，浸泡了 3% 硫化钠的宣纸敷于铜像 3 min 后转化成黑色硫化铜的实验区，与铜像本身未受腐蚀处颜色一致，效果最

图 4-84
现场试验块

图 4-85
现场试验观察

好。因此，确定转化液为 3% 浓度的硫化钠，转化时间为 3 min。

3. 现场操作

（1）铜像清洗

铜像一直在室外保存，经过多年的日晒雨淋，以及一些小鸟、小虫的陪伴，铜像上不少地方出现了堆积的灰尘和生物残留物。使用大量的蒸馏水配合羊毛刷，反复冲刷、清洗铜像的表面和沟缝处，直至杂物去除。

（2）转化操作

在白色或绿色的锈蚀部位，采用含 3% 浓度硫化钠的宣纸贴敷，或者用羊毛刷蘸转化剂，采用直接涂刷的方式进行转化处理，经过一段时间的反应，白色或绿色物质就会变黑。需要特别注意的是，虽然在之前做了关于硫化钠反应时间的实验，得出的结论是 3 min，但在具体操作时，铜像的锈蚀层有薄有厚，有的疏松，有的紧密，因此在反应时间的控制上，有赖于操作人员的操作经验，需要灵活运用、酌情变通，做到整体效果协调，颜色一致。经过复原的铜像，其表面会积累新的铜盐，需要再次使用大量蒸馏水反复冲洗，直至将铜盐冲刷干净。

（3）微晶石蜡封护

对于室外大型金属器表面封护剂的选择，多年来一直是个难点。

图 4-86
转化操作

这座孙中山铜像常年处于室外环境陈列，不可避免会受到自然环境的各种腐蚀和污染，为了更好地保护铜像不受侵害，必须找出一种适合的材料进行封护。近年来，微晶石蜡用于户外金属文物的封护，已经得到很多专家的认可并被广泛使用。

微晶石蜡的主要成分为正构烷烃，也有少量带个别支链的烷烃和带长侧链的环烷烃。它是一种近似微晶性质的精制合成蜡，具有光泽好、熔点高、色泽浅、结构紧密、坚而滑润的特点，能与各种天然蜡互熔，并能提高低度蜡的熔点，改进粗性蜡的性能。微晶石蜡本身洁白如玉，摩擦生光，有很好的吸油性能，可与多种溶剂、蜡类形成稳定、均匀的膏体。

目前，微晶石蜡作为金属文物的封护材料已被广泛使用，在室外具有防止金属器表面氧化、酸蚀及雨水侵蚀的作用，非常适合用于封护孙中山铜像。我们选用棕刷、牙刷、打蜡海绵和粗棉布均匀刷揉，直至在铜像表面形成一层薄薄的保护膜。经过大家的共同努力，孙中山铜像终于重放夺目光彩，再次呈现出伟人的光辉形象。

文物修复总结

南京中山陵孙中山铜像是大型民国室外青铜文物，原来表面有黑色的锈层覆盖，显得庄严肃穆。经过人工硫化形成的产物，不仅有装饰的作用，还有保护青铜基体的作用。由于长期放置在室外，铜像的黑色锈层表面夹杂了一些淡绿色和白色的锈蚀污染物，其中白色的锈

图 4-87
石蜡封护操作

蚀污染物是碱式碳酸铜等无害锈。经过环境采样与分析，确定铜像周边雨水属于典型的酸雨，白色锈蚀物主要是酸雨造成的。大量煤、石油、天然气等石化燃料的燃烧，工业生产中的废气排放，机动车的尾气排放等都会导致酸雨的形成。近年来，我国越来越多的地区正成为酸雨多发区，酸雨污染的范围日渐扩大、程度日益加深。由于整个自然环境的改变，导致我国铜、铁、木、石等各种材质的室外文物受到了不同程度的危害。作为文物保护工作者，我们不仅要对文物定期进行检查、维护、保养，也要积极提倡环保、节能减排、降低污染，爱护我们的自然环境。

图 4-88
修复后的孙中山铜像

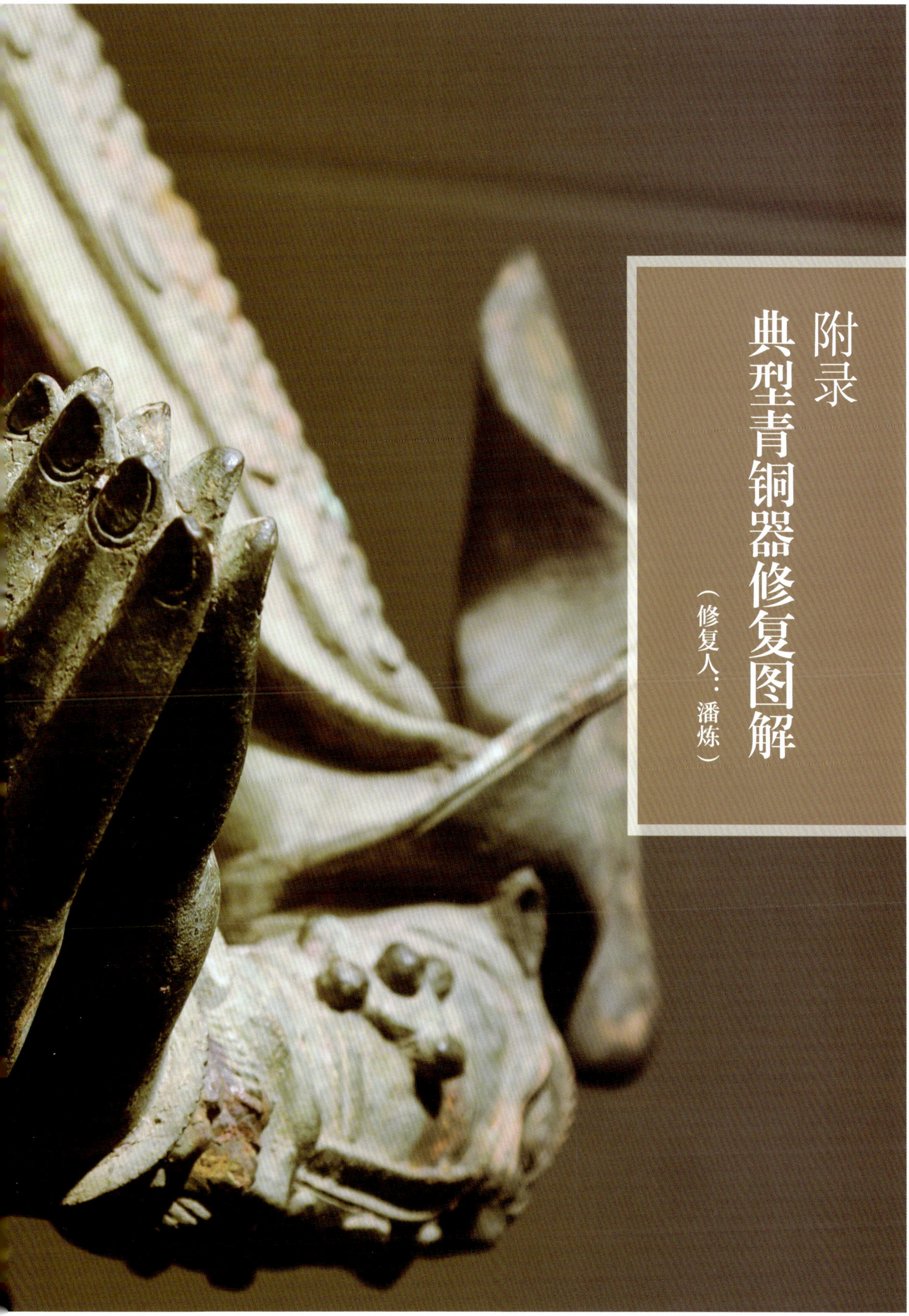

附录

典型青铜器修复图解

（修复人：潘炼）

商早期弦纹三足鼎

此件商早期弦纹三足鼎收藏于河南新郑博物馆。器物鼎身有裂，口沿缺失 75%，一立耳缺失。2005 年进行修复，使用紫铜板剪裁出需要补配的形状进行焊接，用环氧树脂胶粘接、雕塑、填补器物的缺失部位，打磨平整后进行作旧。

商早期弦纹三足鼎修复前后

商早期弦纹三足斝

此件商早期弦纹三足斝收藏于河南新郑博物馆。器物腹部和鋬处发生变形，口沿、颈部、腹部及口沿一柱缺失。2005 年进行修复，经过矫形、补缺、雕刻、打磨、作旧等步骤完成修复。

商早期弦纹三足斝修复前后

商中期饕餮纹斝

此件商中期饕餮纹斝收藏于河南郑州博物馆。敞口，菌状双柱，弧形扳，下腹部略呈圆弧状鼓出，平底，三锥形足，为古时温酒备斟之器。器物一菌状柱缺失，颈部与腹部残破，2008年将其修复。

商中期饕餮纹斝修复前后

商中期饕餮纹提梁卣

此件商中期饕餮纹提梁卣收藏于河南郑州博物馆。无盖，椭圆形，腹下垂饰有一圈饕餮纹，足外撇，并提梁上侧和下侧两端各铸有均衡的兽面。器物破碎缺失严重，仅剩提梁和几块残片，所幸在预拼接后发现，器物的形制和纹饰均有历史依据可寻，故此于 2007 年将其修复。

商中期饕餮纹提梁卣修复前后

商中期兽面纹罍

此件商中期兽面纹罍，侈口，长颈，折肩，深鼓腹，高圈足，颈饰弦纹，肩部、腹部饰有凸起的兽面纹，足饰云雷纹和 3 个镂孔。器物口、颈、肩、腹、底均有不同程度的缺失。于 2008 年进行修复。

商中期兽面纹罍修复前后

商晚期青铜胄

此件商晚期青铜胄是南京博物院旧藏，通高 23.9 cm、通宽 21.2 cm，由出土于侯家庄 1004 号大墓的 360 多片青铜胄残片中查找、拼对而得。修复于 2010 年。

商晚期青铜胄修复前后

战国刻纹大铜盘

此件战国刻纹大铜盘出土于淮阴高庄战国大墓。直口，浅腹，平底，高 6 cm，直径 50 cm。刻纹铜盘使用锤碟工艺制作，铜胎体厚度不足 1 mm，底腹内壁和口沿外部刻有祭祀耕种图及龟纹、夔龙纹等。器物出土时已破碎成 20 余块，缺失近三分之一。2006 年经修复后，于 2008 年参加北京中国科技馆新馆举办的《奇迹天工——中国古代发明创造文物展》，现常年展出于江苏淮安市博物馆。

战国刻纹大铜盘修复前后

汉代铜牛灯

汉代铜牛灯呈立角卧牛形收藏于江苏扬州博物馆。身躯浑圆，憨态可掬，背部有一活钮，使用时将牛背设计成可活动的灯盘，向上翻开平放于牛首双角之上，牛腹腔中空用于储灯油。器物肩部、腹部缺失近一半，局部有断裂和变形。于 2005 年完成修复。

汉代铜牛灯修复前后

汉代双环球腹壶

此件汉代双环球腹壶收藏于山东烟台市博物馆藏。器物高30 cm，宽19 cm，整体严重扭曲变形，断裂缺失，破碎成40多块凸凹不平的碎片，并有约40%的面积缺失。于2012年完成修复。

汉代双环球腹壶修复前后

汉代规矩镜

此件汉代规矩镜收藏于江苏句容市博物馆。器物直径 0.5 cm，断裂、缺损达 25%，锈蚀严重。镜背近缘处饰锯齿纹和条形纹缺失，运用范模印压技术进行修补。于 2012 年完成修复。

汉代规矩镜修复前后

汉代大铜盆

此件汉代大铜盆收藏于山东烟台市博物馆。器物直径 73 cm，高 8 cm，整体严重扭曲变形，断裂缺失，破碎成 50 多块凸凹不平的碎片，约有 35% 的缺失。修复于 2012 年。

汉代大铜盆修复前后

唐代花鸟纹镜

此件唐代花鸟纹镜收藏于江苏句容市博物馆。器物直径 18.5 cm，饰有四花、四鸟，断裂破碎成 6 片，花纹有缺损。2012 年进行修复，使用铜皮补配、环氧树脂胶堆填后，再雕刻花纹。

唐代花鸟纹镜修复前后

参考文献

[1] 淮阴市博物馆 . 淮阴高庄战国墓 [M]. 北京：文物出版社，2009.
[2] 首都博物馆 . 文物养护工作手册 [M]. 北京：文物出版社，2008.
[3] 赵振茂 . 青铜器的修复技术 [M]. 北京：紫禁城出版社，1988.
[4] 王金潮 . 美国 P. S. I 公司生产的速成胶在文物修复中的应用 [J]. 东南文化，1995(4).
[5] 杜迺松 . 中国青铜器发展史 [M]. 北京：紫禁城出版社，1995.
[6] 郭军林 . 中国青铜文化 [M]. 北京：时事出版社，2009.
[7] 贾文超 . 古代青铜器的传统修复技术 [J]. 中国博物馆，1997(1).
[8] 贾文忠 . 文物修复与复制 [M]. 北京：中国农业科学技术出版社，1996.
[9] 贾文忠，汤浪 . 青铜艺术 [M]. 北京：中国文联出版社，2010.
[10] 蒋玄怡 . 中国绘画材料史 [M]. 上海：上海书画出版社，1986.
[11] 李震，贾文忠 . 青铜器修复与鉴定 [M]. 北京：文物出版社，2012.
[12] 马里奥 · 米凯利，詹长法 . 文物保护与修复的问题 [M]. 北京：科学出版社，2005.
[13] 容庚，张维持 . 殷周青铜器通论 [M]. 北京：文物出版社，1984.
[14] 首都博物馆编 . 文物养护工作手册 [M]. 北京：文物出版社，2008.
[15] 王宏钧 . 中国博物馆学基础 [M]. 上海：上海古籍出版社，2001.
[16] 王蕙贞 . 文物保护学 [M]. 北京：文物出版社，2009.
[17] 许淳淳，潘路 . 金属文物保护——全程技术方案 [M]. 北京：化学工业出版社，2012.
[18] 许进雄 . 文物小讲 [M]. 北京：中国人民大学出版社，2008.
[19] 贾文忠 . 浅谈青铜器修复 [J]. 中国文物科学研究，2008(2).
[20] 赵振茂 . 青铜器的修复技术 [M]. 北京：紫禁城出版社，1988.
[21] 中国社会科学院考古研究 . 考古工作手册 [M]. 北京：文物出版社，1982.
[22] 中国文化遗产研究院 . 中国文物保护与修复技术 [M]. 北京：科学出版社，2009.
[23] 朱萍 . 文物鉴定与考古系列讲座 [M]. 北京：中央民族大学出版社，2007.
[24] 陈仲陶 . 古青铜器修复整形工艺探究 [J]. 中国文物科学研究，2009(3).
[25] 程德润，赵明仁，刘成等 . 古代青铜器“粉状锈”锈蚀机理新探 [J]. 西北大学学报（自然科学版），1989(1).
[26] 高英 . 中国古代青铜器传统修复技术（一）铜器焊接 [J]. 中国历史博物馆馆刊，1980.

[27] 龚建培 . 中国传统矿物颜料、染色方法及应用前景初探 [J]. 南京艺术学院学报，2003.
[28] 何堂坤，靳枫毅 . 中国古代焊接技术初步研究 [J]. 华夏考古，2000(1).
[29] 贺贵明 . 浅谈殷代青铜器的修复 [J]. 华夏考古，1997(2).
[30] 洪亮 . 我国青铜器的连接技术 [J]. 焊接技术，1999(5).
[31] 霍海俊，王五胜，李化元 . 京派古铜器修复技术百年发展脉络概述 [J]. 中国文物科学研究，2006(4).
[32] 霍海峻 . 修复大型铜塔的探索 [J]. 中国博物馆，1995(3).
[33] 贾文超 . 谈古代青铜器的传统修复技术 [J]. 江西文物，1991(3).
[34] 孙晓强 . 青铜器的腐蚀与保护探讨 [J]. 文物世界，2002(6).
[35] 万俐 . 青铜器修复技术队伍的历史及其发展刍议 [J]. 中国博物馆，1991(4).
[36] 汪苏，李晓辉，白小梅等 . 中国古代青铜器中焊接技术研究 [J]. 第五届中日机械技术史及机械设计国际学术会议，2005.
[37] 魏书亚 . 化学原理与方法在文物保护中的应用 [J]. 华夏考古，1995(3).
[38] 尹继才 . 颜料矿物 [J]. 中国地质，2000.

跋

苏派青铜文物修复技艺的形成与发展，与吴地一带历史悠久的青铜冶铸加工和仿古青铜器制作的历史密不可分，经历了百年的演变，在铜料的使用、锡焊、作色、补配技术等方面都有独到之处，并且能够广泛引入新工艺和新材料，有利于我国青铜文物保护修复技术的长足发展。

如今，传统修复技艺已成为非物质文化遗产的一部分，与国家文化安全紧密相关，是一个国家和民族文化延续的根脉，也是一个国家文化独立的标识之一。

传统技艺并不意味着固陋、陈旧和落后，而是凝结着前人的智慧，应该充分继承其精华；现代科技虽然是全新的，即新理念、新技术、新材料，但却不一定全部适用于中国古代青铜器的修复，而是要考虑有选择性地利用。取其精华，去其糟粕，将传统工艺与现代科技巧妙地结合，探索出一条可持续发展的修复之路。

具体来说，在修复古代青铜器之前，要进行科学的分析检测，如通过 X 荧光无损探测来了解铜器基体的状况，使传统技艺如虎添翼；青铜器焊接基本保留传统修复手段，在工具使用方面更新换代，用电烙铁取代火烙铁；鼓励使用新试剂、新材料去除有害锈并进行封护；在作色方面，仍然保留传统的酒精浸泡漆片再融合各色颜料的方法……

我们今后从事文物修复的工作者，需要承担起极为重要的历史使命，保证传统修复技艺跟上时代的步伐，将传统修复技艺继承发扬下去。在传承中谋发展，在创新中求保护，只有确保传统修复技艺的科学性与发展性，才能使其长久保鲜、传承有序。